Jaime Restrepo

Computadoras para todos

Jaime A. Restrepo es un reconocido experto en computadoras. Ha publicado varios libros acerca de las computadoras y sus múltiples usos. El señor Restrepo y su familia viven en el estado de Connecticut.

También escritos por Jaime Restrepo

Internet para todos, segunda edición

Windows 98/Me para todos

Computadoras para todos

segunda edición, revisada y actualizada

Computadoras para todos

segunda edición, revisada y actualizada

Jaime Restrepo

VINTAGE ESPAÑOL
UNA DIVISIÓN DE RANDOM HOUSE, INC.
NUEVA YORK

PRIMERA EDICIÓN VINTAGE ESPAÑOL, FEBRERO 2006

Vintage ISBN-10: 0-307-27482-9
Vintage ISBN-13: 978-0-307-27482-3

www.grupodelectura.com

Impreso en los Estados Unidos de América
10 9 8 7 6 5 4 3 2

Tabla de contenido

v

Capítulo cinco: El sistema operativo Windows 2000 Professional

Capítulo ocho: Office 2003 de Microsoft

Capítulo doce: El cliente de correo electrónico Outlook 2003 de Microsoft

Dedicatoria

Este libro está debidamente dedicado a mi familia por soportar los largos períodos en los cuales no pude estar con ellos. Especialmente agradezco a mi esposa, Sara Sánchez, por corregir todo el texto, y a mi cuñada Patricia Sánchez, por ayudarnos con nuestra niña mientras yo escribía el libro.

Prólogo del autor

Hace diez años salió al mercado mi primer libro, *De DOS a Windows*, y en estos diez años el mundo de las computadoras (o *ordenadores*, como también suelen llamarlas), especialmente el Internet, ha cambiado para siempre el panorama cultural y político de nuestra sociedad. Es decir, sin importar donde viva o donde trabaje, las computadoras asumen papeles en partes en donde nunca ni siquiera pensábamos que fueran necesarias.

Por ejemplo, consideren algunas de las nuevas máquinas de lavar ropa; ahora hasta pueden recibir información del Internet. Hasta hace un par de años, esto era algo que no se hubiera considerado necesario, pero el día de mañana algunos de ustedes tal vez salgan a buscar una máquina de lavar ropa y le atraerá mucho esta nueva facilidad.

Ahora la carrera de las diferentes compañías por sacar procesadores más rápidos deja sin descanso a los ingenieros que trabajan para ellas, y ahora somos nosotros los que nos beneficiamos del tiempo adicional que tenemos para hacer nuestro trabajo y de la baja en precios que estos adelantos nos traen.

En este libro nos dedicaremos a hablar del mundo de las computadoras personales de tipo IBM PC compatible. Esto se debe a que éstas representan casi el 90 por ciento del mercado de las computadoras personales a la venta alrededor del mundo.

Hoy como siempre la compañía Microsoft está por delante en el mundo del *software;* sin ésto una computadora no podría realizar tareas tan sencillas como sumar dos más dos. O sea, todavía en el mundo de las computadoras compatibles de tipo IBM PC no hay una alternativa buena al sistema operativo fabricado por la compañía Microsoft. Sólo la compañía Linux parece estar ganando un poco de terreno en el campo de los servidores Web, y en las computadoras que ofrecen aplicaciones científicas.

En este libro aprenderá mucho acerca de los diferentes sistemas operativos de la compañía Microsoft y de las ventajas de usar cada uno. Por favor, piénselo muy bien antes de actualizar una computadora que está funcionando muy bien a uno de estos sistemas operativos como Windows XP, Windows Me, o Windows 2000 Professional. A menos que su computadora sea muy rápida o tenga mucha memoria RAM, este cambio le puede decepcionar, debido a que algunos de sus programas tal vez no funcionen.

También recuerde que si alguna vez tiene un problema con una computadora que le parece serio, y la computadora está protegida por una garantía de servicio, es importante que primero trate de solucionar el problema con la ayuda de los técnicos de la compañía que se la vendió antes de llamar a un familiar o un amigo, ya que en la mayoría de los casos, las compañías le pueden ayudar de manera más rápida.

Es muy importante recalcar que hoy en día cerca del 68 por ciento de los hogares de habla hispana poseen una computadora personal. Esto es una manifestación increíble de nuestra comunidad de mantenerse al día usando las nuevas tecnologías como el Internet.

Finalmente, muchas gracias por comprar el libro, que ha sido un gran esfuerzo para llevar un poco de este mundo de las computadoras personales a aquellas personas que prefieren aprender en su propia lengua.

—**Jaime A. Restrepo**

Introducción a las computadoras personales

Introducción a las computadoras personales

La compañía IBM introdujo al mercado la primera computadora personal el 12 de agosto de 1981. Pero debido a su alto costo, al principio comprar una computadora personal era sólo un sueño para la mayoría de los hogares en los Estados Unidos.

Una computadora personal es un conjunto de piezas electrónicas, o *hardware*, que, combinadas con programas, o *software*, hacen de ésta una de las herramientas de conocimiento más útiles creadas por el hombre. Estas piezas son ensambladas, en el caso de las computadoras personales IBM PC compatibles, por centenares de compañías alrededor del mundo.

Hoy en día es posible comprar una computadora personal del tipo IBM PC compatible por menos de 1.000 dólares, con la ventaja adicional de ser mucho más rápida que una computadora que pudo haber comprado por más del doble el año anterior.

La computadora en la siguiente gráfica es una Dell Dimension 8400 Series, equipada con un procesador Intel Pentium 4.

A pesar de que esta computadora usa uno de los procesadores más avanzados hoy en día, su precio es menos de 2.000 dólares.

Las diferencias entre una computadora del tipo IBM compatible y una del tipo Macintosh

Los dos tipos de computadoras personales más usados son las IBM compatible y las del tipo Macintosh. En este libro hablaremos de las computadoras de tipo IBM compatible por el hecho de que éstas representan casi el 90 por ciento del mercado de computadoras personales.

También es importante subrayar que aunque las Macintosh son sólo fabricadas por la compañía Apple, las IBM compatible son fabricadas por un sinnúmero de compañías diferentes alrededor del mundo.

Las computadoras IBM compatibles y las Macintosh son muy fáciles de diferenciar. Las diferencias principales son:

- La mayoría de las IBM compatibles usan procesadores fabricados por compañías como Intel y AMD.
- Las computadoras del tipo IBM compatible usan sistemas operativos como Windows y Linux.
- Las computadoras personales fabricadas por la compañía Apple llevan un procesador llamado PowerPC fabricado por la compañía Motorola.
- Las computadoras personales del tipo Macintosh usan un sistema operativo gráfico, diseñado por la compañía Apple, llamado System 9.0.
- Las computadoras personales del tipo Macintosh también se distinguen por usar un ratón con un solo botón.

Las computadoras del tipo IBM compatible

Este es el tipo de computadora que se une a los protocolos de la primera computadora fabricada por la compañía IBM pero con todos los adelantos modernos.

Hoy en día muchas compañías fabrican computadoras del tipo IBM compatible, como Dell o Gateway, y también es posible ensamblar una computadora usando piezas de diferentes compañías.

La siguiente gráfica representa una computadora personal del tipo IBM compatible.

Como puede ver en la gráfica anterior, una computadora personal tiene que ser complementada con algo llamado un sistema operativo, como el sistema operativo Microsoft Windows Me.

La gran mayoría de computadoras personales de tipo IBM utilizan procesadores fabricados por tres compañías. Estos a su vez vienen en diferentes velocidades de reloj, o MHz:

- *Intel:* sin lugar a dudas esta es la compañía que vende la mayoría de los procesadores para computadoras de tipo IBM compatible.

- *AMD:* los procesadores de esta compañía se pueden encontrar en algunas computadoras de la marca Compaq.

- *Transmeta:* una compañía nueva cuyos procesadores se están empezando a ver en algunas computadoras portátiles.

Las computadoras del tipo Macintosh

Este tipo de computadora ha sido fabricado por la compañía Apple desde 1985. Hoy en día su producción constituye casi el 10 por ciento del mercado de las computadoras personales. Sobre todo, su enfoque empresarial se centra en surtir sistemas escolares de computadoras buenas.

Esta compañía siempre ha tratado de estar en la vanguardia de todas las nuevas tecnologías y esto les ha permitido sobrevivir en este ambiente de mucha competencia.

Las Macintosh usan un ratón con un solo botón y un procesador fabricado por la compañía Motorola llamado PowerPC. También requieren el sistema operativo System 9.0.

En la gráfica anterior se puede ver un PowerBook G4 de solamente 1 pulgada de grosor y con una pantalla de 15,2 pulgadas. Es portátil, sólo pesa 5,3 libras y está construido casi totalmente de titanio.

¿Qué tipo de computadora personal le conviene comprar?

Esta es una de las preguntas que más me hacían cuando trabajaba como vendedor de computadoras. Esta sección será muy útil para las personas que necesitan un poco de ayuda con esta decisión. Primero que nada, tiene que pensar para qué necesita la computadora. Segundo, debe calcular cuánto puede invertir.

Hoy en día es casi seguro afirmar que cualquier computadora que compre tendrá suficiente memoria y la cantidad adecuada de dispositivos necesarios para que la mayoría de la gente pueda sacarles provecho, y que además, esten satisfechos con la compra.

Los siguientes son los elementos que se deben tomar en cuenta, en orden de importancia, si la computadora que piensa comprar es al menos una Pentium 4:

1. Cantidad de memoria RAM
2. Espacio en el disco duro
3. Tamaño del monitor
4. Unidad de crear los CD ("CD Writer") o los DVD ("DVD writer")

Por ejemplo, si puede escoger entre más RAM, debe considerar comprar una computadora con al menos 128 MB de RAM. Esto es preferible a tener un disco con una capacidad mayor de 20 GB. A menos que su trabajo sea el de editar películas digitales, en este caso puede necesitar más de 128 MB de RAM y un disco de más capacidad.

También considere que actualmente se están usando mucho unidades para crear los CD y éstas son sumamente útiles para hacer copias.

Hoy en día debe considerar comprar una computadora con al menos 512MB de RAM y un disco duro con al menos 60 GB de capacidad, ya que los archivos creados por ciertos equipos, como cámaras digitales y escáneres (dependiendo del uso que usted les dé) pueden ocupar mucho espacio en un disco duro.

También tenga en cuenta que hoy en día se están usando muchas unidades para crear los DVD (es decir, quemadores de DVD+/–RW de doble lado), que son sumamente útiles para hacer copias de seguridad de películas de DVD. Por este motivo conviene conseguir una computadora que incluya una unidad de este tipo.

Nota

Mi recomendación a la hora de comprar una computadora personal del tipo IBM compatible se basa en el hecho histórico de que éstas abarcan cerca del 90% del mercado de computadoras personales. Esto significa que hay una gran cantidad de compañías compitiendo por su dinero, lo que a su vez le dará la oportunidad de conseguir más equipo por un precio más bajo.

Mientras escribía este libro, encontré en el Internet dos paquetes de computadoras (del tipo IBM compatible) de dos marcas muy conocidas, Dell y HP. En la siguiente gráfica puede ver estas dos ofertas. La de la izquierda es una computadora Dell Dimension 4700 y la de la derecha es una HP Pavillion a1050y, pero con casi las mismas especificaciones.

Dimension 4700
Enhanced Performance
• Pentium® 4 Processor 520 with HT Technology (2.80GHz, 800 FSB)
• Microsoft® Windows® XP Home Edition
• FREE UPGRADE! 512MB Dual Channel DDR2 SDRAM at 400MHz (2x256M)
• 40GB Serial ATA Hard Drive (7200RPM)

Customize It

Featured at
$799
$679
After 15% OFF Instantly!
Offer Details

As low as **$20**/month²

item description	part number	total
FREE HP Pavilion a1050y customizable Desktop PC - Microsoft(R) Windows(R) XP Media Center Edition - Intel(R) Pentium(R) 4 520J w/HT Technology, 2.8GHz - 512 MB DDR / PC3200 (2 DIMM) - FREE UPGRADE from 40 to 80GB 7200 rpm SATA Drive - FREE Upgrade from CD-ROM to DL 16X DVD +/-R/RW	PU131AV#ABA ← REVISE PC	$774.99

New

Monitor sold separately

Si compara estas computadoras componente por componente, verá que son muy similares. Tampoco difieren mucho en cuanto al precio. Aunque el paquete de la derecha (HP Pavilion a1050y) cuesta casi 100 dólares más, le ofrece un poco más equipo. Pero si le gusta más una Dell y paga un poco más por ésta, podrá conseguir una configuración muy similar por un precio parecido.

Estas son las diferencias más importantes de estos dos paquetes que cuestan casi lo mismo:

- La HP tiene un disco duro de mayor capacidad, que es muy útil si toma muchas fotos con una cámara digital.

- En este paquete la Dell incluye un monitor, y en el paquete de la HP éste es un cargo extra.

- En el paquete de la HP le ofrecen una actualización gratis a una unidad de quemar DVDs, y tal vez por este motivo este paquete cuesta más que el de la Dell.

También es importante considerar las recomendaciones de amigos o familiares. Si ellos le recomiendan que compre una Dell —por haber tenido una buena experiencia con esta excelente compañía— entonces éste puede que sea el mejor camino a tomar.

Además, si le alcanza el presupuesto y tiene un negocio pequeño, es muy recomendable que consiga una unidad de crear los DVD, ya que éstos son muy útiles para hacer copias de seguridad tanto de sus películas como de su disco duro.

En la gráfica anterior puede ver, en las opciones extras para la Dell, que ésta se puede pedir con una unidad de crear los DVD (de doble lado) por sólo 240 dólares.

Nota

Los monitores son los componentes que menos desgaste sufren y los que más pueden afectar su capacidad de ser productivo. Por este motivo consiga siempre el monitor más grande que pueda comprar. Hoy en día se puede conseguir monitores de 17 pulgadas por menos de 200 dólares.

Ventajas al usar una computadora personal

Algo indiscutible es que el uso de las computadoras personales ha cambiado por completo la sociedad en que vivimos. Es decir, tendríamos que viajar muy lejos para encontrar un sitio que no haya sido afectado por esta revolución, que en la mayoría de los aspectos ha sido muy positiva.

Las siguientes son algunas de las ventajas de una computadora personal:

- La de permitirle crear documentos y guardarlos por mucho tiempo. En la mayoría de los casos los archivos que usted prepare en una computadora personal estarán disponibles hasta el día en que los borre de una manera permanente.

- La rapidez con la cual puede encontrar información. Es decir, si tuviera que buscar una carta en un archivo de 50.000 cartas, tardaría tiempo en encontrarla, mientras que en una computadora este proceso no toma más de varios segundos.

- La de poder comunicarse con parientes y amigos con el correo electrónico casi instantáneamente.

- La de poder terminar las tareas escolares en menos de la mitad de tiempo que tomaba antes, gracias a las enciclopedias en línea.

Nota

Si vive en los Estados Unidos, se ha podido dar cuenta que la mayoría de la gente está usando computadoras personales en sus trabajos, y este uso aumenta cada día. Esto se debe al hecho de que el precio de una computadora personal ha bajado tanto a través de los años, de más de cinco mil dólares por una computadora muy lenta en 1985, a una computadora mil veces más rápida por menos de mil dólares en 2005.

Cómo escoger un lugar apropiado para usar la computadora

Esto a veces puede que no sea una decisión fácil de tomar, ya que a veces una casa o apartamento sólo tiene determinado espacio libre en el cual se puede instalar una computadora personal. Otro elemento importante es el escritorio que usará, ya que idealmente éste debe tener una bandeja para el teclado y el ratón.

En la siguiente gráfica se puede ver claramente cómo el escritorio tiene una bandeja para el teclado y el ratón. La bandeja es muy útil si le permite mantener los codos a un ángulo de 90 grados; de lo contrario, puede tener problemas de salud.

Las siguientes son mis recomendaciones para escoger un área de trabajo:

- El área de trabajo debe estar bien iluminada. Es decir, el monitor no debe ser la fuente más grande de luz en la habitación donde la usa.
- Evite colocar la computadora cerca de calentadores o de entradas de aire.
- Coloque la computadora en un salón donde la luz del día no pegue directamente en la pantalla.

Cómo protegerse las manos cuando usa una computadora personal

Una computadora personal puede ayudarle en muchos aspectos, pero su uso frecuente también les puede causar problemas a diferentes partes del cuerpo debido a una posición incorrecta que toma mientras la esté usando.

En la siguiente gráfica puede ver la posición **incorrecta** de mantener los codos mientras se usa una computadora personal.

Si las muñecas le comienzan a molestar después de usar la computadora por largos ratos, puede que se deba a uno de los siguientes motivos:

1. El teclado está a un nivel muy alto y le es preciso doblar las muñecas para escribir con él.

2. Su asiento está muy bajo, y por eso tiene que doblar los codos para alcanzar el teclado.

Si siente dolor, entumecimiento, debilidad de manos, hinchazón, tiesura en las manos o en cualquier parte del cuerpo, como por ejemplo la espalda, entonces debe consultar con un profesional calificado de salud. Este es el único que le puede decir con certeza cuál es el problema que usted tiene y recomendarle los pasos a tomar para que se mejore.

Es muy importante que SIEMPRE asuma una posición correcta para protegerse las muñecas, ya que éstas son muy propuestas a enfermedades que le puede hacer muy doloroso efectuar cualquier movimiento con las manos.

En la siguiente gráfica puede ver la posición **correcta** para usar el teclado. Es decir, los codos deben estar en un ángulo de 90 grados.

Para evitar problemas con las muñecas si le es preciso usar la computadora por un rato largo, debe hacer lo siguiente:

1. Sólo use un teclado cuya posición no le requiera doblar la muñeca. Fíjese en la gráfica anterior y vea cómo los codos están en un ángulo de 90 grados y el resto del antebrazo forma una línea casi recta.

2. Si su asiento está muy bajo, consiga uno en que no tenga que doblar los codos para usar el teclado.

3. Tome descansos frecuentes. Por lo general, nunca debe trabajar más de una hora sin tomar un descanso.

! Si tiene alguna duda acerca de un dolor en el cuerpo, no espere ni un día y consulte a un doctor inmediatamente. Si desea más información acerca de la postura correcta para usar una computadora personal, visite este sitio Web: http://www.officebydesign.com/ergonomics/index.htm

Las impresoras personales

Una impresora es un dispositivo electrónico que copia con mucha fidelidad lo que se ve en la pantalla al papel. Así se puede hacer cincuenta copias de una carta sin tener que hacer fotocopias, ya que la impresora hace copias con una fidelidad parecida a la de una fotocopiadora.

Las impresoras personales vienen en muchos tamaños, calidades y hasta en colores diferentes. Los siguientes son los dos tipos principales de impresoras:

- **Impresoras de tinta o** *inkjet printers.* Tienen un costo inicial más bajo pero a largo plazo (si las usa muy a menudo) pueden llegar a costar más que una impresora de tipo láser.

En la gráfica anterior puede ver que las impresoras de este tipo tienen bandejas de papel externas, y siempre es posible ver cuánto papel le queda en la impresora.

- **Impresoras de tipo láser.** Tienen un costo inicial más alto, pero a largo plazo pueden llegar a costar menos que una impresora de tinta.

En la gráfica anterior puede ver que esta impresora de tipo láser también tiene una bandeja externa. Pero en la mayoría de las impresoras de este tipo las bandejas de papel son internas.

Las impresoras de tinta

Una impresora de tinta, como su nombre indica, funciona inyectando tinta al papel. En casi todos los casos, este tipo de impresora puede imprimir a color. Lo hace al mezclar sus tintas para formar miles de colores.

El costo inicial de estas impresoras es más bajo comparado con el costo de las impresoras de tipo láser, pero si usted añade el costo de los cartuchos de tinta, a largo plazo las impresoras de tinta pueden resultar más costosas que las de láser.

En la foto de abajo puede ver una de las mejores impresores de tinta disponibles hoy en día, la EPSON Stylus C66.

Esta impresora puede imprimir en diferentes tipos de papel. Por ejemplo, pueden imprimir copias fieles de fotos tomadas por cámaras digitales en papel de fotografía.

Nota En una impresora de tinta lo que más cuesta son los cartuchos de tinta. Estos dan unas 600 páginas de texto y 420 páginas de gráficas. Los cartuchos de color sólo dan unas 300 páginas, y cuestan casi lo mismo que los de blanco y negro.

Las impresoras de tipo láser

Las impresoras del tipo láser funcionan de manera semejante a las copiadoras Xerox. Es decir, tienen un rodillo que es magnetizado por un láser, y este a su vez recoge partículas de plástico que son fundidas al papel usando un elemento que calienta el papel. Este proceso es bastante rápido y muy eficiente.

Por lo general, las impresoras del tipo láser son mucho más costosas al principio que las de tinta, pero a largo plazo pueden ser más rentables, ya que los cartuchos duran mucho más. Pero su mayor desventaja es que la mayoría de estas impresoras sólo pueden imprimir en blanco y negro. Existen impresoras del tipo láser a color, pero su costo es tan alto que están fuera del alcance de la mayoría de las personas.

La siguiente gráfica muestra una impresora láser fabricada por la compañía Epson.

Esta impresora tiene la ventaja de ser un poco más rápida que las impresoras de tinta y también usa cartuchos que duran más.

Las impresoras del tipo láser tienen muchas funciones opcionales, como por ejemplo, imprimir en ambos lados del papel. Esta opción se llama "Duplex printing", y le ayuda a ahorrar papel. No se olvide de leer el capítulo trece, "La función de imprimir". Allí encontrará más detalles acerca de cómo usar una impresora personal para reproducir su trabajo.

La importancia de usar un buen protector de voltaje

Las computadoras personales contienen miles de piezas electrónicas muy delicadas que se desgastan más rápidamente en la presencia de corrientes de voltajes altas. En algunos casos, como durante las tormentas eléctricas, los truenos pueden dañar permanentemente las piezas internas de la computadora.

En la mayoría de los casos, estos daños no están cubiertos por su garantía de servicio, y por este motivo siempre es muy importante que use un protector de voltaje. Será la mejor inversión para proteger su computadora las 24 horas del día de los cambios del voltaje.

En la siguiente gráfica se puede ver un protector de voltaje, el SurgeMaster II, de ocho enchufes de corriente, fabricado por la compañía Belkin.

Este protector de voltaje cuenta inclusive con una entrada para proteger la línea de entrada al módem, ya que a veces ésta también puede recibir una sobrecarga de corriente.

Para recordar

- Hoy en día se puede comprar una computadora personal de tipo IBM PC compatible por menos de 1.000 dólares.
- Los dos tipos más usados de computadoras personales son las IBM compatible y las del tipo Macintosh.
- Una computadora personal necesita un sistema operativo, como por ejemplo el sistema operativo Microsoft Windows XP.
- Evite colocar la computadora cerca de calentadores o de entradas de aire.
- Un protector de voltaje le puede proteger la computadora las 24 horas del día de los cambios de voltaje de la corriente.

Anatomía de una computadora personal

2

Componentes de una computadora personal

Una computadora está compuesta por miles de piezas diferentes. Unas son más importantes que otras. Por ejemplo, si el módem falla, la computadora todavía se puede usar. Pero si la memoria falla, lo más seguro es que la computadora no funcionará.

El objetivo de este capítulo es familiarizar al lector interesado en aprender más acerca de cómo funciona su computadora, ayudándolo a reconocer algunos de los componentes que permiten que la computadora personal funcione, y la importancia que tienen cada uno de ellos.

Una computadora personal está compuesta de dos grupos de componentes principales:

- *Software:* los componentes del *software* son los programas, como el sistema operativo Windows XP.
- *Hardware:* los componentes del *hardware* se pueden describir como cualquier pieza metálica o plástica, como la pantalla, la impresora, etcétera.

Nota

Hoy en día miles de personas están ensamblando computadoras personales con piezas que se pueden comprar en catálogos en línea. Por ejemplo, la computadora que usé para escribir este libro fue ensamblada en su totalidad con piezas que conseguí de compañías que sólo reciben pedidos por el Internet.

Los componentes del *software*

Como pudo ver al principio de este capítulo, una computadora es una combinación de componentes que por sí solos no pueden completar ninguna tarea. Para funcionar, las computadoras necesitan un sistema operativo. Una vez que tengan tal sistema, pueden llamarse en verdad computadoras.

Por ejemplo, el sistema operativo Microsoft Windows Me, que con su interfase gráfica, le permite usar el ratón para hacer un sinnúmero de funciones.

La siguiente gráfica representa la presentación de la actualización al sistema operativo Microsoft Windows XP Home Edition.

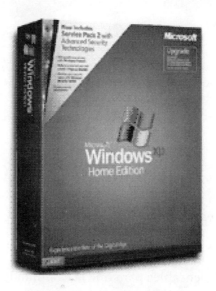

Hoy en día miles de compañías escriben programas para IBM compatibles y éstas a su vez tienen millones de usuarios. Algunos de los programas más útiles no cuestan nada, como los navegadores, que funcionan como una ventana al mundo cibernético.

Los componentes del *hardware*

El *hardware* es cualquier parte que usted puede tocar, como el teclado y el monitor. Gracias a la competencia entre las diferentes compañías que fabrican componentes de *hardware,* su costo ha disminuido mucho, hasta el punto de que cada año es posible comprar computadoras más rápidas y baratas.

En la siguiente gráfica se puede ver algunos de los componentes de *hardware* que hacen una computadora personal.

El primero es un disco duro; a la derecha puede ver un chasis, y el de abajo es un ventilador.

Los componentes del *hardware* son tres:

- Piezas indispensables para que la computadora personal funcione
- Unidades de almacenamiento adicionales
- Dispositivos que le permiten al usuario trabajar con la computadora

Piezas indispensables para que una computadora personal funcione

Sin estos componentes la computadora no funciona; una distinción importante. Por ejemplo, una computadora puede funcionar sin un ratón pero no sin un procesador.

Las piezas más importantes de una computadora personal son:

- El procesador
- La tarjeta madre o *motherboard*

- El disco duro o *hard drive*
- La memoria

La siguiente gráfica muestra el componente más importante de una computadora personal: el procesador.

El procesador de la gráfica anterior es un Pentium III, uno de los procesadores más avanzados. Es fabricado por la compañía Intel.

La tarjeta madre o *motherboard*

Esta es una tarjeta de circuitos integrados en la cual se encuentran el CPU (procesador), las tarjetas de expansión y la memoria. Hoy en día muchas compañías fabrican tarjetas madres. Hasta la misma compañía Intel las fabrica.

La siguiente gráfica representa una tarjeta madre fabricada por la compañía Tyan.

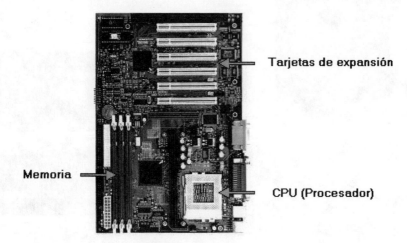

Tarjetas de expansión

Memoria

CPU (Procesador)

Los detalles más importantes en una tarjeta madre son:

- Los puertos de expansión que sirven para añadir módems y otras tarjetas del tipo PCI.

- Los puertos de memoria que sirven para añadir módulos de memoria, en este caso los que se conocen como DIMMs (bloques de memoria de 168 ranuras).

- Silla para el procesador. La de la gráfica es del tipo cero fuerza. Es decir, los conectadores del procesador no tendrán que sufrir ningún estrés.

El procesador

También se conoce como el CPU (unidad central de procesamiento). Cuando se habla de un CPU, lo más probable sea que se esté refiriendo al componente en donde se encuentra el procesador, la memoria y las unidades de almacenamiento de datos.

En la siguiente gráfica se puede ver una computadora tipo torre.

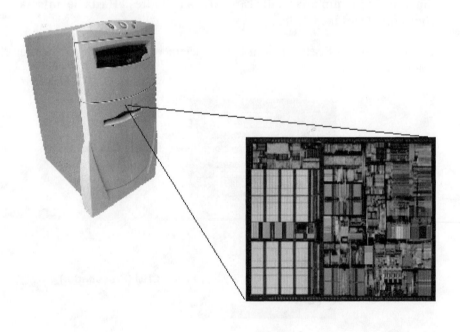

Al lado de esta torre se puede ver la vista interna de un procesador Pentium III de la compañía Intel. Este es el verdadero cerebro de una computadora personal.

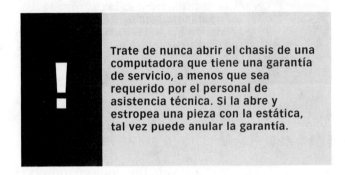

Trate de nunca abrir el chasis de una computadora que tiene una garantía de servicio, a menos que sea requerido por el personal de asistencia técnica. Si la abre y estropea una pieza con la estática, tal vez puede anular la garantía.

El disco duro o *hard drive*

Esta es la unidad de almacenamiento permanente de más uso en computadoras personales. Viene en muchos tamaños y es fabricado por muchas compañías diferentes. Una vez que guarde información en el disco duro, ésta permanecerá en él hasta que sea borrada.

La siguiente gráfica representa un disco duro fabricado por la compañía IBM.

Los discos duros son los componentes para computadoras personales que más han bajado de precio, mientras que su calidad y capacidad de guardar archivos han aumentado.

El disco duro es el componente más delicado que se puede encontrar en una computadora personal, ya que consta de platillos que giran a muy alta velocidad. Por lo tanto, cuando la computadora está prendida, cualquier vibración que mueva el CPU/torre donde se encuentre el disco duro lo puede afectar.

La memoria RAM

Esta es la memoria temporal que sólo funciona cuando la computadora está prendida. El sistema operativo usa este tipo de memoria para cargar los programas y los documentos con que está trabajando.

Por este motivo es una de las piezas más importantes de una computadora personal. Además, se puede decir que mientras más RAM tenga un sistema, mejor funciona.

La siguiente gráfica representa un módulo de memoria del tipo DIMM fabricado por la compañía Kingston.

Esta barrita de memoria tipo DIMM se conoce por tener 168 conectadores. Este tipo de memoria es miles de veces más rápido que el disco duro, ya que no tiene piezas que se mueven.

Nota Recientemente la memoria RAM ha estado bajando de precio de manera considerable, tanto que hoy es posible conseguir un módulo de memoria de 512 MB de RAM por menos de 60 dólares. Hace un par de años el precio de este mismo módulo de memoria era de cientos de dólares.

Unidades de almacenamiento adicionales

Estas son las unidades que la computadora no necesita para arrancar, como es el disco duro que guarda su sistema operativo. Al principio de la revolución de las computadoras personales, la unidad de discos flexibles era uno de los componentes más importantes. Hoy en día menos gente usa los discos flexibles.

Las unidades de almacenamiento de más uso son:

- La unidad de CD-ROM
- La unidad de discos flexibles

La siguiente gráfica sirve para ilustrar el avance en algunas unidades de almacenamiento de datos.

1.4 MB   64 MB

El disco flexible de la izquierda guarda sólo 1.4 MB, pero la barrita de Sony llamada Memory Stick tiene la capacidad de guardar más de 40 veces más información.

La unidad de CD-ROM

Una unidad de CD-ROM se parece mucho a las unidades que sólo reproducen música, pero con la ventaja de poder leer discos que contienen datos. Las ventajas de este medio son la gran capacidad de guardar hasta 640 MB —equivalente a casi 400 discos de alta densidad— y su bajo costo.

Los reproductores de CD que más se usan son:

- *CD-ROM:* sólo puede leer los CD de datos y de música.
- *CD-R:* un tipo de CD-ROM que puede copiar información a los discos especiales, pero sólo una vez. Es decir, una vez que termine de copiar información a este disco CD-R, no se puede borrar.
- *CD-RW:* puede copiar información a este tipo de disco cuantas veces quiera, y se puede borrar cuando no la necesita.

En la siguiente gráfica se puede ver una unidad de CD-RW, modelo 9600SE, fabricado por la compañía Hewlett Packard.

En la siguiente gráfica puede ver la presentación comercial de un disco en blanco del tipo CD-RW.

La unidad de discos flexibles

Una unidad de discos flexibles funciona de la misma manera que un disco duro, con la diferencia de que el disco duro es mucho más rápido y puede guardar mucha más información.

La siguiente gráfica representa una unidad de discos flexibles de 3½ pulgadas.

En la gráfica se pueden ver varios discos flexibles. Estos pueden guardar hasta 300 páginas de texto. En comparación, un disco duro puede guardar más de 50.000 páginas.

Dispositivos que le permiten al usuario trabajar con la computadora

Para usar una computadora es necesario enviarle comandos usando dispositivos que permiten informarle a la computadora qué es lo que usted desea hacer. Algunos de esos dispositivos son indispensables, como lo es el teclado.

Hoy en día también existen computadoras que usan la pantalla como teclado. Es decir, el operador puede escribir directamente en la pantalla.

Los siguientes son los dispositivos de más uso para comunicarse con la computadora y darle un comando.

- La *pantalla:* le permite ver en qué parte de un programa se encuentra el ratón, y así usted puede decidir en qué menú hacer clic o qué paso tomar.
- El *teclado:* le permite escribir información que la computadora le requiere, y así hacer su trabajo.
- El *ratón:* una de las herramientas mas útiles, ya que le permite realizar la mayoría de las funciones necesarias para usar una computadora.
- El *micrófono:* el dispositivo que menos se utiliza para usar la computadora. En el futuro muchas computadoras dejarán a un lado el teclado por el micrófono.

Nota La tecnología para reconocer la voz humana es una de las más prometadoras en el campo de las computadoras. Por ahora se puede decir que, a pesar de todos los esfuerzos de compañías como IBM, esta tecnología todavía tiene mucho camino que recorrer antes de que funcione para la mayoría de los usuarios.

La pantalla

Las pantallas de las computadoras personales se parecen mucho a la pantalla de un televisor. La diferencia principal está en que la pantalla de la computadora tiene el doble de resolución que la de un televisor. Los dos tipos de pantalla de más uso son las de tubo y las de cristal líquido o LCD.

Las pantallas tubo son las menos costosas, y por este motivo son las que más se usan. Las pantallas de cristal líquido o LCD están bajando mucho de precio y tal vez un día reemplacen a las pantallas tubo.

La siguiente gráfica muestra los dos tipos de pantallas de más uso en todo el mundo, fabricadas por la compañía NEC.

La gráfica de la izquierda representa la pantalla tubo, y la segunda es de cristal líquido, o LCD.

El teclado

El teclado es el dispositivo que le permite al operador de una computadora darle instrucciones. Se parece mucho al teclado de una máquina de escribir.

La diferencia principal entre los dos es la presencia de teclas programables llamadas *function keys*. Éstas se encuentran en la parte superior del teclado y empiezan con la tecla F1 y terminan con la tecla F12.

La siguiente gráfica representa el nuevo teclado Internet Keyboard Pro de la compañía Microsoft.

Este teclado tiene la particularidad de tener dos puertos USB, y también incluye un descanso para las manos.

Cómo hacer los acentos del español con combinaciones de teclas

Si vive en los Estados Unidos y sólo tiene acceso a un teclado sin los acentos, puede usar combinaciones de teclas para hacer los acentos en español. Estos siempre son muy útiles para enviar correos electrónicos o para escribir sus cartas personales.

En general, puede oprimir CTRL y ' a la misma vez y después una vocal para ponerle un acento.

Los acentos de más uso son:

ALT + 160 = á

ALT + 130 = é

ALT + 161 = í

ALT + 162 = ó

ALT + 163 = ú

ALT + 164 = ñ

ALT + 165 = Ñ

CTRL + SHIFT + : + u = ü

ALT + CTRL + ? = ¿

ALT + CTRL + ! = ¡

Por ejemplo, para hacer la á, primero sostenga la tecla ALT, y después escriba él numero 160.

El ratón

El ratón es uno de los inventos mas útiles creado para la computadora. Con el ratón se puede realizar la mayoría de las funciones necesarias para usar una computadora personal.

La mayoría de los ratones para las computadoras tipo IBM tienen dos botones. Sin embargo, la mayoría de las funciones se pueden realizar sólo usando el botón izquierdo.

En la siguiente gráfica se puede ver el nuevo ratón óptico Intellimouse de la compañía Microsoft.

El botón de la izquierda se usa más que todo para abrir programas y hacer selecciones dentro de un programa. El botón de la derecha se usa para realizar tareas como copiar y pegar archivos de una carpeta a otra.

Los puertos principales de una computadora personal

Una computadora personal dispone de muchos puertos que le permiten conectar el equipo necesario (como el teclado) o el adicional (como una cámara digital).

En la siguiente gráfica se puede ver los puertos en una computadora Hewlett Packard Pavillion, y a la derecha, la descripción de cada uno.

A - Entrada de la corriente
B - Teclado
C - Ratón
D - Puerto USB
E - Puerto Serial (COM1)
F - Puerto LPT1 (Impresora)
G - Tarjeta de sonido
H - Puerto VGA (Monitor)
I - Módem

En la gráfica anterior se puede ver como el puerto del teclado y del ratón son iguales en diámetro, pero en la mayoría de las computadoras, sólo se deben conectar a un solo puerto.

Es importante recordar que si requiere conectar un dispositivo a una computadora personal, debe estar apagada. La única excepción a esta regla son los dispositivos del tipo USB, ya que se pueden conectar en cualquier momento o cuando las indicaciones lo recomienden.

Para recordar

- Una computadora personal está compuesta de componentes de *hardware* y *software*.
- Una computadora necesita un sistema operativo para funcionar.
- El procesador es el componente más importante de la computadora personal.
- Los puertos de expansión sirven para añadir los módems y otras tarjetas de tipo PCI.
- El disco duro es la unidad de almacenamiento permanente de más uso en las computadoras personales.
- La memoria RAM es miles de veces más rápida que el disco duro.
- Los acentos del español se pueden hacer con combinaciones de teclas.
- Si necesita conectar un dispositivo a una computadora personal, debe estar apagada.

La familia de sistemas operativos Windows de Microsoft

¿Qué es un sistema operativo?

Un sistema operativo es como un supervisor que permite que los programas funcionen dentro de la computadora. Una computadora sin un sistema operativo es sólo un conjunto de componentes electrónicos incapaces de realizar tareas tan fáciles como hacer una suma.

Los sistemas operativos actuales han mejorado en comparación con los sistemas operativos de los últimos años. También han aumentado en su complejidad y capacidad de controlar más dispositivos nuevos que se pueden adaptar a las computadoras.

Hoy en día, la mayoría de las computadoras personales usan uno de los siguientes sistemas operativos:

- *Windows*: un producto de la compañía Microsoft.
- *Macintosh System OS X:* el sistema operativo que usan las computadoras de marca Apple.
- *UNIX*: un sistema operativo muy robusto que se usa más que todo en computadoras que son usadas para programación y para servidores que administran los portales cibernéticos.
- *Linux:* una versión de UNIX.

En este libro aprenderá acerca del sistema operativo Windows de la compañía Microsoft, ya que tiene el mayor número de usuarios en todo el mundo. Puede que llegue a más de 100 millones de usuarios en los cinco continentes. En comparación, el sistema operativo de la compañía Apple sólo es usado por el 10 por ciento de los usuarios de computadoras personales.

El sistema operativo Windows

Este sistema operativo está basado en lo que se llama un interfase gráfico para usuarios (GUI por sus siglas en inglés), y que consiste en una serie de ventanas. Cada una de estas ventanas representan un programa, y éstas, a su vez, comparten todos los recursos en una computadora.

Windows salió a la venta por primera vez en el año 1995, con una versión llamada apropiadamente Windows 95. La última versión de este sistema operativo que recibio el nombre Windows XP ha cambiado mucho en comparación con la versión original.

El éxito de este sistema operativo se debe a muchos factores, pero se puede decir que el más importante es lo económico que ahora son las computadoras personales de tipo IBM.

Algunos de los beneficios de usar Windows son:

- Una base instalada de más de 100 millones de usuarios alrededor del mundo. Esto significa que hay una gran disponibilidad de programas y dispositivos para esta plataforma de trabajo.

- En Windows, una vez que aprenda a usar un programa, le será muy fácil no sólo usar casi todas las funciones básicas de todos los demás programas hechos para Windows, sino también guardar y abrir archivos.

- Otra ventaja de Windows es la capacidad, dependiendo de la cantidad de memoria instalada en la computadora, de poder trabajar con varios programas al mismo tiempo.

- Poder realizar casi todas las funciones necesarias para usar este sistema operativo llevando el ratón a las ventanas y haciendo clic sobre ellas.

Las diferentes versiones de Windows

La compañía Microsoft divide sus sistemas operativos de dos maneras: los diseñados para ser usados en la casa, y los diseñados para ser usados en oficinas. Esto se debe a la necesidad de distinguir claramente la clase de soporte que deben incluir en los dos tipos de sistema.

Por ejemplo, al principio el sistema operativo Windows NT 4.0 (diseñado para ser usado en una red), ni siquiera ofrecía soporte para dispositivos USB. Pero constaba del soporte nativo para proteger archivos en redes locales (LAN por sus siglas en inglés), si usan el tipo de partición NTFS.

Las versiones del sistema operativo Windows para uso doméstico son:

- Windows 98
- Windows Me
- Windows XP

Las versiones del sistema operativo Windows para uso en redes locales, o los LAN, son:

- Windows NT 4.0
- Windows 2000 Professional
- Windows XP Pro

Windows 98, Windows Me (Millennium Edition) y Windows XP (Home Edition)

Estos son los tres sistemas operativos para el hogar, y proveen la mayor cantidad de soporte para usar diferentes tipos de dispositivos de todos los sistemas operativos (para computadoras personales) en el mercado.

La siguiente gráfica representa el área de trabajo del sistema operativo Windows XP.

En el próximo capítulo aprenderá más acerca de este excelente sistema operativo, el cual es la última versión del sistema operativo Windows.

Windows NT 4.0, Windows 2000 Professional y Windows XP Pro

Estos son los tres sistemas operativos de más alto rendimiento diseñados para computadoras personales fabricados por la compañía Microsoft. Estos sistemas operativos inclusive tienen soporte para ser instalados en computadoras con muchos procesadores, algo que no es posible en las versiones para la casa.

La siguiente pantalla representa el área de trabajo de Windows 2000 Professional.

En el capítulo número cinco aprenderá más acerca de este excelente sistema operativo.

Ventajas de las diferentes versiones de Windows

Dado que son tan parecidos, no es evidente que uno de estos sistemas operativos tenga ventajas sobre otro, pero en realidad existen diferencias que son bastante marcadas entre ellos. Las diferentes versiones de Windows ofrecen ventajas para diferentes tipos de usuarios.

Las ventajas de cada uno de los sistemas operativos para la casa son:

- Mayor cantidad de programas que funcionan en éstos, lo que se debe a que hay muchos más usuarios que los usan.
- Mejor soporte para usar más tipos diferentes de dispositivos.
- La facilidad de usar estos sistemas en computadoras con procesadores de menos poder sin que se note mucha diferencia en su rendimiento.

Las ventajas de cada uno de los sistemas operativos diseñados para uso en redes locales son:

- Mejor protección de los archivos para discos duros que usan el tipo de partición NTFS, ya que ésta protege sus archivos con un nivel de seguridad adicional.
- La posibilidad de asegurar archivos. En estos sistemas operativos se puede asignar derechos a un archivo para que sólo determinados usuarios los puedan usar.
- La capacidad de usar dos procesadores. Esta es una función muy útil para compañías que usan bases de datos.
- La posibilidad de compartir archivos e impresoras. En computadoras personales conectadas a una red, el compartir recursos es una de las funciones más fácil de realizar.

Cómo actualizar su versión de Windows

Para conseguir la última versión del sistema operativo que está usando (sin costo alguno), en todas las versiones de Windows, es necesario tener una conexión al Internet y visitar el sitio Web (que maneja Microsoft) que ofrece estas actualizaciones.

Para buscar una actualización a su sistema operativo, primero haga clic sobre el menú de comienzo o "Start Menu", y después haga clic sobre el ícono de "Windows Update". En la mayoría de los casos, éste está encima del grupo de programas de accesorios o "Accessories".

Si no encuentra el ícono de "Windows Update", puede visitar directamente el sitio Web de la compañía Microsoft para obtener las actualizaciones al sistema operativo y después seguir las instrucciones que éste le dé.

http://v5.windowsupdate.microsoft.com

Esta es la dirección de este sitio Web. Para visitarlo, abra su navegador y escriba (en la barra de direcciones) esta dirección exactamente como está escrita en esta línea.

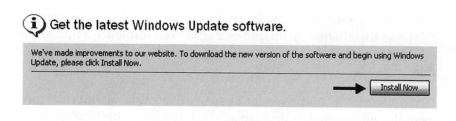

En algunos casos, después de que este pequeño programa termine de ejecutarse, otra ventana se abrirá preguntándole si desea que este sitio Web busque las últimas actualizaciones al sistema operativo que está usando. Para proseguir, haga clic sobre "OK".

Si nunca ha visitado este sitio Web es posible que vea la ventana de arriba. Para continuar, es necesario hacer clic sobre instalar ahora o "Install Now".

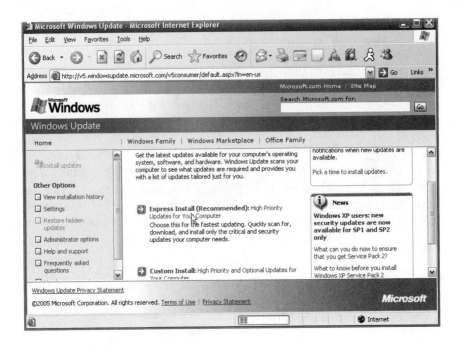

Cuando vea esta ventana, haga clic sobre instalación expresa o "Express Installation" para que este sitio Web comience a buscar las actualizaciones al sistema operativo que está usando en su computadora.

Dependiendo de qué tan rápida sea su conexión al Internet (por ejemplo, una conexión de marcar por teléfono o "dial up" es muy lenta), es posible que actualizar su computadora le tome varias horas. En tal caso puede comenzar esta actualización por la noche para que así el sistema operativo se actualice mientras no esté usando la computadora.

Cuando este sitio Web termine de buscar las actualizaciones para su computadora, otra página Web se abrirá y le ofrecerá la opción de instalarlas o de cerrar esta ventana.

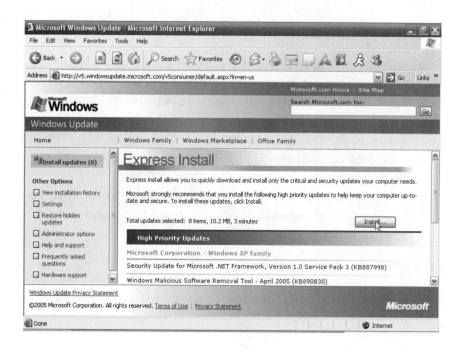

Para comenzar a actualizar su sistema operativo a una versión más moderna, sólo es necesario hacer clic sobre instalar o "Install". Después la computadora comenzará a bajar del sitio Web de Microsoft todo el *software* necesario para terminar esta actualización. Finalmente, este sitio web le indicará si terminó o no terminó de instalar las actualizaciones. Acto seguido, apague y prenda de nuevo la computadora.

! Actualizar el sistema operativo en una computadora también tiene ciertos riesgos: después de una actualización puede ser que uno o más programas no le funcionen (o que también necesiten ser actualizados). Por ejemplo, si tiene el antivirus de Norton, después de actualizar una computadora con el segundo paquete o SP2 (de Windows XP), tal vez tenga que actualizar el primero.

Para recordar

■ Microsoft Windows es el sistema operativo para computadoras personales de más uso en todo el mundo.

■ Casi todas las funciones necesarias para usar este sistema operativo se pueden realizar llevando el ratón o *mouse* sobre una serie de ventanas y haciendo clic sobre ellas.

■ Windows XP es el sistema operativo más avanzado para uso en la casa.

■ Windows NT 4.0, Windows 2000 Professional y Windows XP Pro son los tres sistemas operativos de más alto rendimiento diseñados para computadoras personales.

Los sistemas operativos Windows 98/Me/XP

4

Introducción al sistema operativo Windows 98 Second Edition (segunda edición)

Windows 98 es uno de los sistemas operativos para computadoras personales de la compañía Microsoft. Este ofrece muchas posibilidades, como de usar dispositivos de tipo USB y acceso más fácil al Internet.

La siguiente gráfica representa el escritorio virtual o "Desktop" de Windows 98.

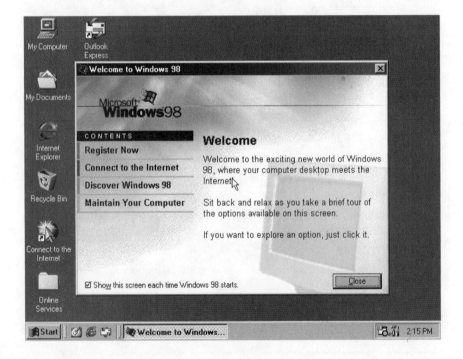

Esta gráfica tambien representa la pantalla de entrada a Windows 98. Se parece mucho a la de Windows 95.

Ventajas de Windows 98 Second Edition (segunda edición)

En la superficie, este sistema operativo se parece un poco a la primera edición de Windows 98, pero en realidad es mucho mejor. Estas mejorías no sólo se deben al trabajo de miles de ingenieros de la compañía Microsoft, sino también a la opinión de miles de usuarios que recibieron copias preliminares del programa, y a su vez, le informaron a la compañía Microsoft sobre los problemas que encontraron.

Algunos se sorprenderán al leer acerca de Windows 98, ya que estamos en el año 2005, pero de verdad es un sistema operativo excelente para las computadoras con procesadores de menos velocidad que el Pentium III de 650 MHz.

Las ventajas de usar el sistema operativo Windows 98 Second Edition (segunda edición) son:

- El navegador Internet Explorer 5.0 (versión 5.00.2614.3500)
- El programa de conferencia NetMeeting 3.0 (versión 4.4.3345)
- La función de compartir una conexión al Internet
- Un mejor soporte para estaciones de computadoras portátiles
- El programa de gráficas DirectX 6.1
- El soporte para módems de tipo USB

Nota

De todas las mejorías de Windows 98 Second Edition, una sobresale por ser revolucionaria: la de poder compartir una conexión al Internet en una red de igual a igual o "Peer to Peer". Por ejemplo, con esta función le es posible compartir su módem de tipo cable con otra computadora en una red "Peer to Peer".

Requisitos mínimos para usar Windows 98 Second Edition (segunda edición)

Windows 98 Second Edition es un sistema operativo muy avanzado. Por este motivo tiene muchas más funciones que las versiones anteriores de Windows, y por eso requiere que el sistema en el cual sea instalado sea un sistema reciente.

Al final de este capítulo aprenderá cómo cerciorarse si su sistema reúne los requisitos indispensables para usar este sistema operativo.

Estos son los requisitos mínimos que un sistema debe tener para usar Windows 98 (segunda edición):

- Un procesador Pentium III de 650 MHz o mayor
- 64 MB RAM
- 1 GB de espacio libre en el disco duro
- Unidad de CD-ROM o DVD
- Monitor VGA
- Ratón fabricado por la compañía Microsoft o uno que sea compatible

Uno de los requisitos más importantes para que esta actualización sea un éxito es que una computadora tenga al menos un procesador 486 DX/66. De otra manera, la computadora funcionará mucho más lenta después de la actualización.

Cómo averiguar qué versión de Windows 98 está usando

Si desea actualizar su copia de Windows 98 a la segunda edición, primero averigüe que versión de Windows está usando, y así evitará tener que devolver un paquete de *software* que tal vez no necesite. Una actualización a Windows 98 Second Edition se puede realizar si su computadora todavía usa Windows 95 o la primera versión de Windows 98.

La siguiente gráfica representa la ventana de las propiedades.

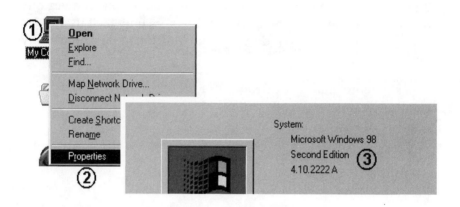

Siga estos pasos para averiguar qué versión de Windows 98 tiene instalada en su computadora:

1. Coloque el indicador sobre "My Computer" y haga clic con el botón derecho del ratón.

2. Jale el indicador hacia abajo, y haga clic sobre "Properties".

3. Si en esta casilla dice solamente "Microsoft Windows 98", tal vez le sea posible actualizar este sistema a Windows 98 "Second Edition". Si dice "Microsoft Windows 98 Second Edition", ya la tiene. Si dice Windows Me, Windows 2000 o Windows XP, estas son versiones más avanzadas que Windows 98 Second Edition.

Si todavía usa una computadora personal con Windows Me, por ejemplo para usar el correo electrónico, y no tiene ningún problema con ésta, tal vez no haya necesidad de comprar una computadora más moderna con Windows XP.

Introducción al sistema operativo Windows Me (Millennium Edition)

Windows Me es la nueva versión del sistema operativo Windows para uso doméstico, y le ayuda a usar lo mejor de los artículos de multimedias, como las cámaras digitales, los escáneres y las tarjetas de televisión.

La mayor ventaja de esta plataforma de trabajo es que una vez que aprenda a usar un programa para Windows, es muy fácil usar todos los demás hechos para Windows, ya que funcionan de manera muy similar.

En la siguiente gráfica se puede ver la presentación comercial de la actualización, o *upgrade*, a Windows Me.

Hoy en día, la mayoría de las computadoras en venta para uso doméstico en los Estados Unidos vienen con este sistema operativo ya instalado.

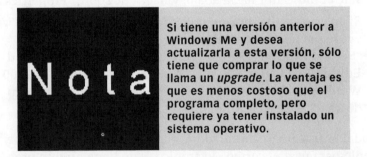

Nota

Si tiene una versión anterior a Windows Me y desea actualizarla a esta versión, sólo tiene que comprar lo que se llama un *upgrade*. La ventaja es que es menos costoso que el programa completo, pero requiere ya tener instalado un sistema operativo.

En la siguiente gráfica puede ver el área de trabajo de Windows Me o "Desktop". En ella se puede ver como los íconos, o "icons", se parecen mucho a los de Windows 2000.

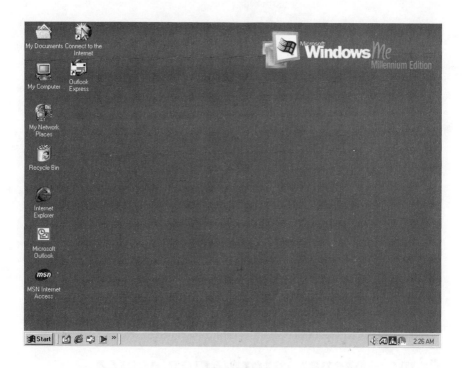

Los íconos y menús de Windows Me son muy parecidos a los de Windows 2000.

Requisitos mínimos para usar Windows Me (Millennium Edition)

Este sistema operativo, por ser el más reciente de la familia de sistemas operativos domésticos, requiere que el sistema en el cual sea instalado tenga al menos un procesador Pentium de 800 MHz (la velocidad de reloj).

En la siguiente lista se puede ver los requisitos mínimos que una computadora debe reunir si desea actualizar su sistema operativo a Windows Me. También en la próxima página aprenderá a obtener información acerca del tipo de sistema que tiene.

Requisitos mínimos que un sistema debe tener para usar Windows Me (Millennium Edition):

- Un procesador Pentium III de 800 MHz o mayor
- 124 MB de RAM
- 2 GB de espacio libre en el disco duro
- Tarjeta y monitor VGA
- Unidad de CD-ROM o DVD-ROM
- Tarjeta de sonido
- Ratón fabricado por la compañía Microsoft o uno que sea compatible

Nota Si la computadora en la cual está instalando Windows Me no tiene la suficiente capacidad para usar este sistema operativo, el programa para hacer la actualización le dará un error, y la única opción será regresar a usar el sistema operativo anterior. También es posible que aunque parezca estar instalado perfectamente, uno o varios de sus programas no funcionen después de terminar esta actualización.

Cómo obtener información acerca del sistema

Si está interesado en actualizar su computadora a Windows 98 Second Edition o Windows Me, entonces es importante que averigüe cierta información acerca del sistema que desea actualizar.

La siguiente gráfica representa el recuadro de "Properties" en "My Computer". Este recuadro le mostrará casi toda la información que necesita saber acerca de su sistema.

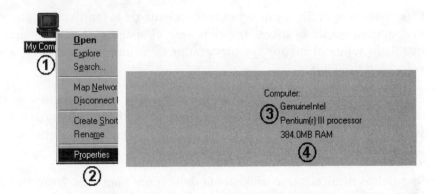

Siga estos pasos, guiándose por la gráfica anterior, para averiguar qué tipo de procesador tiene y de cuánta memoria RAM dispone.

1. Coloque el indicador sobre "My Computer" y haga clic una vez con el botón derecho del ratón.

2. Ahora hale el indicador hacia abajo y haga clic sobre "Properties".

3. Este es el tipo de procesador. En este ejemplo, es un Pentium III, o sea, más que suficiente para esta actualización.

4. Esta es la cantidad de memoria RAM. En este caso tiene 384 MB de RAM.

Ahora es necesario averiguar cuánto espacio tiene libre en su disco duro. Para saberlo, hale el indicador a "My Computer" y haga clic dos veces.

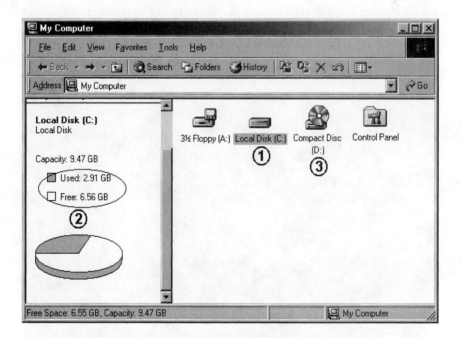

Siga estos pasos, guiándose por la gráfica anterior, para averiguar con cuánto espacio libre cuenta el disco duro:

1. Haga clic sobre su disco duro. Si tiene más de dos discos duros repita este proceso por cada disco duro que tenga.

2. Esta es la información acerca del espacio libre en el disco duro, que en este caso es 6.56 GB (1 GB = 1000 MB).

3. Esta es la unidad de CD-ROM o DVD-ROM.

Introducción al sistema operativo Windows XP

Windows XP es el último sistema operativo para computadoras personales que ha sacado al mercado la compañía Microsoft. Éste resuelve muchos de los problemas de rendimiento, como por ejemplo el hecho de que en el pasado un solo programa podía hacer que la computadora se congelara, problema que sufrían las versiones anteriores de Windows.

La siguiente gráfica representa la pantalla de entrada a Windows XP; ésta se parece un poco a la de Windows 98.

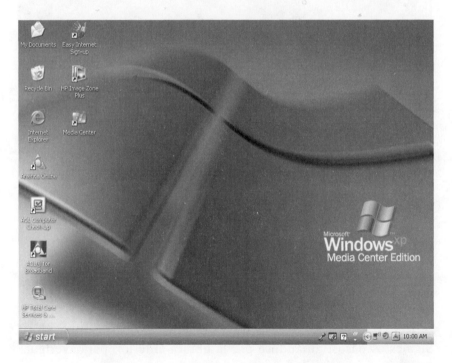

En esta gráfica puede ver el escritorio virtual o "Desktop" de Windows XP. Desde éste se pueden realizar la mayoría de las funciones necesarias para usar una computadora.

En la superficie este sistema operativo se parece un poco a la primera edición de Windows 98, pero en realidad es mucho mejor. Estas mejoras no sólo se deben al trabajo de miles de ingenieros de la compañía Microsoft, sino también a los comentarios de miles de usuarios que recibieron copias preliminares del programa y a su vez reportaron a la compañía Microsoft los problemas que encontraron en éste.

Windows XP es ofrecido por la compañía Microsoft en cinco versiones diferentes:

- *Home Edition:* la de mayor uso para la casa por lo que la mayoría de las computadoras vendidas en las tiendas vienen con Windows XP Home Edition.
- *Professional:* se usa en las oficinas con redes locales (LAN por sus siglas en inglés).
- *Media Center Edition:* otra versión casera que le ofrece un sinnúmero de capacidades, sobre todo en el área de entretenimiento con dispositivos de multimedios, como por ejemplo quemar DVD.
- *Tablet PC Edition:* una versión para computadoras que funcionan como libretas de tomar notas.
- *Professional x64 Edition:* una versión proyectada para usarse en un tipo especial de supercomputadoras.

Ventajas de usar Windows XP en comparación con versiones anteriores de Windows:

- Mayor estabilidad mientras usa la computadora: este sistema operativo es 10 veces más estable que el de Windows 98. Es decir, es bastante difícil que una computadora con Windows XP se congele completamente.
- Sus archivos están más seguros si usa Windows XP.
- Mejor soporte para usar todo tipo de dispositivos, como cámaras digitales e impresoras.

- La versión 6 del navegador Internet Explorer.
- El programa de gráficas DirectX 9.0c.

Requisitos mínimos para usar Windows XP Home Edition:

La versión Windows XP Home Edition es un sistema operativo muy avanzado y por este motivo tiene muchas más funciones que las versiones anteriores de Windows: Por lo tanto requiere que el sistema en el cual sea instalado sea un sistema reciente.

La información de esta página es sólo útil para aquellas personas que tengan computadoras que fueron compradas más o menos hace cuatro años y están considerando hacerles una actualización al sistema operativo Windows XP.

Estos son los requisitos mínimos que un sistema debe tener para usar Windows XP Home Edition:

- Un procesador Pentium III 800 o mayor.
- 256 MB RAM.
- 3 GB de espacio libre en el disco duro.
- Unidad de CD-ROM o DVD-ROM.
- Monitor VGA.
- Ratón fabricado por la compañía Microsoft o uno que sea compatible.
- También es deseable que la computadora tenga una tarjeta de red que le permita conectar la computadora a módems tipo cable.

Al final de este capítulo aprenderá cómo cerciorarse si su sistema reúne los requisitos indispensables para usar este sistema operativo si su computadora no tiene Windows XP.

Si tiene una computadora (con Windows 98) con menos de estos requisitos, y esta computadora le está funcionando bien, mi recomendación es que no instale Windows XP. Recuerde que hoy en día algunas compañías que fabrican computadoras le pueden vender una computadora nueva (la cual incluirá Windows XP) por cerca de 500 dólares.

Cómo puede averiguar qué versión de Windows está usando

Si desea actualizar su copia de Windows a Windows XP, primero averigüe qué versión de Windows esté usando. De esta manera evitará tener que devolver un paquete de *software* que tal vez no necesite. Una actualización a Windows XP se puede realizar si su computadora todavía usa Windows 98 o Windows Me.

En la gráfica de abajo puede ver la ventana de las propiedades, la cual se encuentra en el ícono de "My Computer".

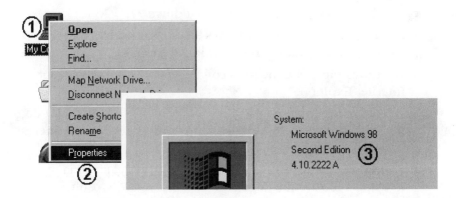

Siga estos pasos para averiguar qué versión de Windows tiene instalada en su computadora:

1. Lleve el indicador sobre "My Computer" (este ícono se encuentra en el área de trabajo) y después haga clic con el botón derecho del ratón sobre el.

2. Ahora jale el indicador hacia abajo y haga clic sobre "Properties".

3. Si en esta casilla dice Windows 98 o Windows Me, le será posible (y su sistema reúne los requisitos para esta actualización) actualizar su sistema a Windows XP. Si en esta pantalla dice Windows 95 o Windows 2000, no le será posible actualizar su computadora a la versión de Windows XP.

Nota

Recuerde que antes de actualizar una computadora a un sistema operativo más reciente o de hacer un cambio de sistema, es sumamente importante localizar y hacer copias de seguridid de los archivos que todavía tiene en su sistema actual a CD u otro medio de guardar archivos. De lo contrario, si tiene problemas haciendo la actualización, le será muy difícil recuperar los archivos con documentos personales.

Para recordar

- Windows 98 se parece mucho a Windows 95.

- Una de las ventajas de Windows 98 es la de poder compartir con otra computadora una conexión al Internet.

- Windows Me viene incluido con la versión 5 del navegador Internet Explorer.

- Windows Me le ayuda a experimentar mejor todo lo mejor de los multimedios, como son las cámaras digitales, los escáneres y las tarjetas de televisión.

- Windows XP, que salió a la venta en 2001, es el sistema operativo más robusto que ha sacado la compañía Microsoft.

- Windows XP está a la venta en cinco ediciones diferentes. Las más populares son: Windows XP Home Edition y Windows XP Pro.

El sistema operativo Windows 2000 Professional

Introducción al sistema operativo Windows 2000 Professional

Windows 2000 Professional es el sistema operativo más robusto que la compañía Microsoft ha sacado al mercado y está basado en la misma tecnología del sistema operativo Windows NT 4.0. Éste todavía es usado por miles de organizaciones por todo el mundo que todavía están esperando para hacer el cambio a Windows XP.

A pesar de que estos dos sistemas operativos fueron diseñados para ser usados en redes locales, como las que existen en las oficinas de compañías con más de 25 empleados, hoy en día muchas personas en sus hogares están pidiendo computadoras con Windows 2000 Professional ya instalado.

Es importante notar que este sistema operativo también es una selección excelente para aquellas personas que necesitan trabajar en un plataforma estable y muy segura, aunque no estén conectados a redes locales. Es más, cuando está instalando Windows 2000, no se requiere que la computadora tenga una tarjeta de red. Y si más tarde desea añadir esta computadora a una red local, sólo anada una tarjeta de red y consiga la información pertinente acerca de esta red.

La siguiente gráfica representa la presentación comercial del sistema operativo Windows 2000 Professional.

Cuando se compran computadoras para negocios pequeños de compañías como Dell, siempre preguntan si desean usar este sistema operativo.

Ventajas de Windows 2000 Professional

Windows 2000 Professional es un sistema operativo que está siendo evaluado muy favorablemente por muchísimas compañías a través del mundo. Y aunque el costo inicial puede parecer muy alto, al final este sistema operativo puede ahorrar mucho dinero en soporte técnico.

Las siguientes son algunas de las razones para actualizar a Windows 2000 Professional:

- *La estabilidad:* esto se debe a la capacidad de una computadora que use el sistema operativo Windows 2000 Professional de funcionar por mucho tiempo sin un sólo evento en el cual sea necesario apagarla. En la mayoría de los casos, el sistema operativo se repara a sí mismo, a veces sin que el usuario se percate de que hubo un problema.

- *Su eficiencia:* con la misma cantidad de memoria instalada, este sistema operativo es mucho más eficiente que Windows 95 y Windows 98.

- *La seguridad con que se trabaja:* Windows 2000 Professional es uno de los sistemas operativos más seguros para trabajar que existe. Por este motivo, es la plataforma ideal para computadoras que tienen acceso al Internet.

- *La capacidad de usar sistemas con varios procesadores:* este sistema operativo le permite usar computadoras con varios procesadores. Esta es una ventaja muy grande, ya que este tipo de computadora puede realizar muchos más procesos a la vez, y así ahorra tiempo.

El sistema operativo Windows 2000 Professional fue diseñado basado en la tecnología NT, la misma tecnología que se usa en Windows NT 4.0. Este sistema operativo añade estabilidad, movilidad y facilidad de manejo a las computadoras personales.

La siguiente gráfica representa el escritorio virtual de Windows 2000 Professional.

El área de trabajo de Windows 2000 se parece mucho a las versiones anteriores de Windows, y los íconos se parecen a los de Windows Me.

Cómo añadir y borrar cuentas de usuarios localmente

Si más de una persona tiene acceso a la computadora que usa, como por ejemplo familiares o amigos, tal vez sea una buena idea que cada una de estas personas tenga su propia cuenta de usuario.

Las indicaciones que siguen a continuación fueron escritas con el propósito de ayudar a aquellas personas que tienen Windows 2000 en sus hogares, y no sirven para añadir o borrar cuentas de usuarios en una red local (LAN por sus siglas en inglés). Esta es una tarea que siempre es realizada por el administrador de la red con un programa diferente.

La siguiente gráfica representa la ventana de "Run", que le permite abrir un programa si sabe el nombre del archivo.

Run   [?] [X]

Type the name of a program, folder, document, or
Internet resource, and Windows will open it for you.

Open: control

OK   Cancel   Browse...

Primero abra el panel de controles de la siguiente manera:

1. Coloque el indicador a "Start" y haga clic.
2. Jale el indicador hacia arriba y haga clic sobre "Run".
3. Escriba "Control" en la casilla al lado de "Open" y después oprima la tecla "Enter".

Ahora puede ver en el panel de controles el ícono de "Users and Passwords".

Users and
Passwords

Para trabajar con cuentas de usuarios, haga clic sobre este ícono.

Para añadir o borrar cuentas de usuarios es necesario entrar en la computadora con una cuenta de usuario que pertenezca al grupo de los administradores. De lo contrario, verá un error cuando trate de abrir el programa de "Users and Passwords".

Users and Passwords ☒

You must be a member of the Administrators group on this computer to open the Users and Passwords control panel. You are logged in as IPT-MRRBVC6UHDK\test, which is not a member of the Administrators group.

Specify the user name and password of an Administrator on this computer to continue:

User name: Administrator

Password:

You can change your password without opening the Users and Passwords control panel by pressing Ctrl-Alt-Delete and selecting Change Password.

OK   Cancel

En la gráfica anterior se puede ver el mensaje que se verá si el usuario que está tratando de añadir o borrar una cuenta de usuario no tiene derecho para hacerlo.

! Si recibió una computadora con Windows 2000 Professional, ésta le da la oportunidad de crear una contraseña para la cuenta del administrador local. El sistema operativo le pedirá que use la contraseña de vez en cuando, por lo que es importante que trate de usar una combinación de números o letras que le sean fáciles de recordar.

Los pasos que siguen sirven para crear cuentas de usuarios locales y son muy fáciles de completar. El término *local* se refiere al hecho de que esta cuenta, una vez que sea creada, sólo servirá para permitirle acceso a la computadora en la que fue creada.

La siguiente gráfica representa el recuadro para añadir y borrar cuentas de usuarios en el ámbito local.

Use the list below to grant or deny users access to your computer, and to change passwords and other settings.

☑ Users must enter a user name and password to use this computer.

Users for this computer:

User Name	Group
Administrator	Administrators
Guest	Guests
ipt	Administrators
IUSR_IPT-MRRBVC6UHDK	Guests
IWAM_IPT-MRRBVC6UHDK	Guests

[Add...] [Remove] [Properties]

Si desea añadir una cuenta de usuario local para darle acceso a esta computadora, haga clic sobre "Add". Si desea borrar la cuenta de un usuario local, selecciónelo, y después haga clic sobre "Remove".

! Si usted usa Windows 2000 Professional en una oficina con personal calificado dedicado a administrar la red, no debe añadir o borrar cuentas de usuarios a nivel local en la computadora. Aparte del hecho que estas cuentas no le dan acceso a su red, crear una cuenta local puede estar prohibido en su contrato de empleo.

La siguiente gráfica representa el recuadro que le ayudará a crear esta cuenta de usuario local.

Enter the basic information for the new user.

User name: PSanchez   Ⓐ

Full name: Paco Sanchez   Ⓑ

Description: Gerente de ventas| Ⓒ

To continue, click Next.

Así se provee la información para crear una cuenta local:

A En esta casilla escriba el **nombre de usuario** que desea usar. Por lo general es la primera inicial más el apellido.

B En esta casilla escriba el **nombre completo** del usuario.

C En esta casilla escriba el **cargo** que el usuario desempeña y después haga clic sobre "Next".

La siguiente casilla le permitirá seleccionar una contraseña para esta cuenta de usuario local.

Type and confirm a password for this user.

Password: ****

Confirm password: ****

To continue, click Next.

En la primera línea escriba la contraseña que desea relacionar con esta cuenta de usuario local, y después confirme la contraseña escribiéndola de nuevo en la segunda línea. Después haga clic sobre "Next".

Cómo asignar el tipo de acceso a una cuenta de usuario local

Una de las consideraciones que debe tener en cuenta es seleccionar la clase de acceso que el usuario tendrá. Por lo general, éste siempre es el "Standard user". Si elige que el usuario pertenezca al grupo de los administradores, el usuario que entre a esta computadora con esta cuenta podrá añadir o borrar cuentas de usuarios.

La siguiente gráfica representa el recuadro de asignar derechos a una cuenta de usuario local.

What level of access do you want to grant this user?

⊙ **Standard user**   (Power Users Group)
Users can modify the computer and install programs,
but cannot read files that belong to other users.

○ **Restricted user**   (Users Group)
Users can operate the computer and save documents,
but cannot install programs or make potentially
damaging changes to the system files and settings.

○ **Other:**   [Administrators   ▼]

Haga clic sobre el tipo de acceso que quiera que tenga esta cuenta (en este ejemplo se eligió "Standard user") y después haga clic sobre "Finish".

La siguiente gráfica muestra todos los usuarios con acceso local en esta computadora.

User Name	Group
Administrator	Administrators
Guest	Guests
ipt	Administrators
IUSR_IPT-MRRBVC6UHDK	Guests
PSanchez	Power Users

En la gráfica verá cómo el usuario "PSanchez" pertenece al grupo de usuarios "Power Users".

Cómo cambiar la contraseña de una cuenta de usuario

En Windows 2000 Professional es posible que cada usuario cambie su contraseña tan a menudo como lo considere necesario. Este proceso es el mismo si la computadora está en una red o si no pertenece a ninguna red local. La única diferencia en cómo usar esta función de cambiar la contraseña está en que algunas compañías no desean que siga usando la misma contraseña. Por este motivo, cada vez que la cambie, debe ser diferente a las anteriores.

Así comienza el proceso de cambiar una contraseña:

1. Use la combinación de teclas CTRL + ALT + DEL desde cualquier programa que está usando.
2. Haga clic sobre "Change Password".

La siguiente gráfica representa el recuadro para cambiar contraseñas.

User name:	IPT
Log on to:	IPT-MRRBVC6UHDK (this compute▾)
Old Password:	****** ①
New Password:	******** ②
Confirm New Password:	******** ③

Así se cambia una contraseña desde el programa que está usando:

1. En esta línea escriba la contraseña que está usando.
2. En esta línea escriba la contraseña que desea usar.
3. Repita en esta línea la contraseña que desea usar.

Para terminar haga clic sobre "OK". Si escribió la información anterior correctamente, recibirá un mensaje indicando que la antigua contraseña fue cambiada por la nueva.

Cómo compartir carpetas o un disco duro

En Windows 2000 Professional es muy fácil compartir carpetas o un disco duro para que los usuarios en la red en que trabajan los puedan usar. Este proceso se debe completar localmente para permitirle a otra computadora acceso a sus archivos.

La siguiente gráfica representa el menú de propiedades de carpeta.

El inter

Open
New
Print
Open With...

Send To   ▶

Cut
Copy

Create Shortcut
Delete
Rename

Properties

Para compartir carpetas, abra el menú de "Sharing" de la siguiente manera:

1. Haga clic sobre la carpeta o el disco duro, con el botón derecho del ratón.

2. A continuación haga clic sobre "Sharing".

Este proceso se puede anular en cualquier momento si ya no desea que otros tengan acceso a la carpeta que deseaba compartir.

En la siguiente gráfica se puede ver el menú para compartir una carpeta.

Así se comparte carpetas en Windows 2000 Professional:

1. Haga clic sobre "Share this folder". Si un día no desea que otras personas usen esta carpeta, haga clic sobre "Do not share this folder".

2. Este es el nombre que el sistema operativo sugiere que use para que otras computadoras usen este recurso, si desea cámbielo.

3. Haga clic sobre "Apply".

Cómo conectarse a un recurso compartido en la red

La carpeta de la página anterior será identificada de la siguiente manera: primero por el nombre de la computadora en la que reside, en este caso IPT, y segundo por el nombre de la carpeta, en este caso "Documents and Settings". De esta manera, los usuarios en la misma red podrán ver esta carpeta como el recurso "\\ipt\ Documents and Settings".

Una vez que un usuario decida compartir una carpeta o disco duro, le será posible a otro usuario en la misma red usarlo con la misma facilidad que usa un recurso local. Esto se consigue usando la función de conectar, o "Map", desde el vecindario de la red.

Siga los siguientes pasos para abrir el recuadro de conectarse a un recurso en la red:

1. Haga clic con el botón derecho sobre el vecindario de la red o "My Network Places".
2. Seleccione "Map Network Drive".

La siguiente gráfica muestra el recuadro de conectarse a un recurso en la red.

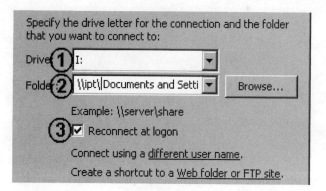

Así se comunica con un recurso en otra computadora:

1. Seleccione la letra disponible que desea asignarle a este recurso.

2. Escriba la dirección de este recurso, en este caso "\\ipt\ Documents and Settings", y haga clic sobre "Finish".

3. Haga clic sobre "Reconnect at logon" si desea usar este recurso cada vez que prenda la computadora. Ahora, le será posible usar todos los archivos contenidos en esta carpeta con la misma facilidad que usa archivos en su propio disco duro.

Cómo trabajar con la memoria virtual o "Page file"

Este es un proceso por el cual el sistema operativo le permite usar almacenamiento permanente en el disco duro como memoria temporal. Ésta funciona más lentamente que la memoria RAM, pero será muy útil para tareas como imprimir documentos.

Antes de cambiar el tamaño del archivo de la memoria virtual, o "Page file", es necesario saber cuánta memoria RAM tiene la computadora. Esto se debe a que el tamaño de este archivo no debe acceder una vez que la memoria RAM está instalada.

La siguiente gráfica representa la ventana de propiedades en un sistema con Windows 2000 Professional.

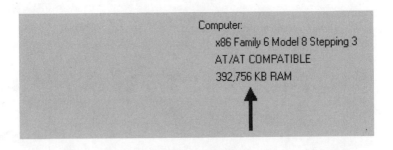

Así se abre la ventana de propiedades en un sistema:

1. Haga clic sobre "My Computer" usando el botón derecho del ratón.

2. Después arrastre el indicador hacia abajo y haga clic sobre "Properties". En la parte siguiente de este recuadro se puede

ver el tamaño de la memoria RAM instalada, es decir, 392 MB de RAM.

Cómo cambiar el tamaño del archivo de memoria virtual en Windows 2000 Professional

Una de las funciones más fáciles de realizar para aumentar el rendimiento de una computadora es la de cambiar el tamaño de memoria virtual que está disponible a programas para realizar diferentes tareas como, por ejemplo, imprimir.

Si la computadora parece estar tomándose mucho tiempo en realizar tareas, puede que se deba a que el archivo de la memoria virtual no está bien configurado.

La siguiente gráfica muestra la manera de abrir la configuración de la memoria virtual.

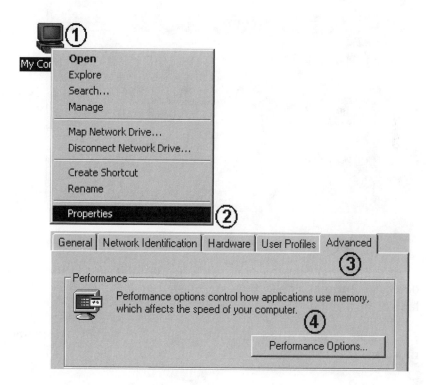

Siga estos pasos para abrir la configuración de la memoria virtual:

1. Haga clic sobre "My Computer" usando el botón derecho del ratón.
2. Arrastre el indicador hacia abajo y haga clic sobre "Properties".
3. Ahora haga clic sobre "Advanced".
4. Finalmente, haga clic sobre "Performance Options" para abrir el panel de configuración de la memoria virtual.

Cuando siga las indicaciones de la página anterior, el recuadro de "Performance Options" se abrirá. Ahora le será posible entrar al recuadro para cambiar el tamaño del archivo de la memoria virtual, o "Paging File".

La siguiente gráfica representa la ventana para cambiar las opciones de rendimiento.

Haga clic sobre "Change" si el número (indicado por la flecha) no parece el apropiado basado en la cantidad de memoria RAM instalado en el sistema.

El siguiente recuadro presenta información sobre el archivo de memoria virtual.

Por ejemplo, el tamaño inicial del archivo es 45 MB, y el máximo es 76 MB. Si la computadora tiene 64 MB de RAM, este archivo se debe aumentar a un tamaño inicial de 80 MB, y el máximo de 96 MB.

Si la computadora parece estar tomando mucho tiempo en realizar tareas como imprimir documentos, y este número no parece correcto basado en la cantidad de memoria instalada en este sistema, entonces lo puede cambiar.

En la siguiente gráfica puede ver el recuadro para cambiar el tamaño del archivo de memoria virtual.

Así se cambia el tamaño del archivo de memoria virtual en una computadora con 64 MB de RAM:

1. Escriba en este recuadro el tamaño inicial del archivo de memoria virtual; en este caso, 80 MB.

2. Ahora escriba en esta casilla el tamaño máximo del archivo de memoria virtual. En una computadora con 64 MB, debe ser 96 MB.

3. Haga clic sobre "Set" para aceptar estos cambios.

Este sistema operativo le permite cambiar el archivo de memoria virtual a cualquier tamaño que escoja, siempre y cuando tenga espacio en el disco duro. Pero si el tamaño de este archivo no sigue la regla de no tener una capacidad mayor que un punto y medio más que la memoria RAM, entonces puede perjudicar el rendimiento en vez de mejorarlo.

Cómo cerrar un programa que no responde

Para cerrar un programa que no responde, abra la ventana del administrador de tareas que están corriendo en esta computadora oprimiendo la combinación de teclas CTRL + ALT + DEL.

Una de las ventajas de Windows 2000 Professional es que los recursos de cada programa están muy bien aislados los unos de los otros. De esta manera, si un programa falla es posible cerrarlo sin que afecte a otro que esté usando. En este sistema operativo es muy raro que un solo programa haga que la computadora se congele, o *freezes*.

La siguiente gráfica representa la ventana del manejador de tareas que están corriendo en esta computadora.

Así se cierra un programa que no está funcionando:

1. Coloque el indicador sobre el programa que no está respondiendo ("Not responding"), y haga clic una vez para elegirlo.
2. Ahora haga clic sobre "End Task".

Cómo usar el "Event Viewer"

Este es un programa que guarda mucha información acerca de muchas operaciones que la computadora realiza de manera automática, y también acerca de problemas que se puede tener con los programas. Con este programa es posible saber con certeza cuándo un programa falla y por qué.

Así se abre el programa "Event Viewer":

1. Haga clic sobre "Start".

2. Jale el indicador hacia arriba, y haga clic sobre "Run".

3. Escriba "eventvwr.exe" enfrente de "Open", y después pulse la tecla "Enter".

En la siguiente gráfica se puede ver la pantalla de entrada al programa "Event Viewer".

Así se averigua información acerca de los fallos en una computadora:

1. Haga clic sobre "System Log".

2. Haga clic sobre una de estas líneas, con una "X" al lado.

La información que el "Event Viewer" guarda a veces puede ser muy clara o a veces muy difícil de descifrar. En el último caso, puede ser muy útil para que el personal calificado diagnostique el problema que la computadora tuvo cuando sucedió el fallo.

La siguiente gráfica representa el tipo de mensaje típico que se puede recibir en el "Event Viewer".

Date: 12/27/2007 Source: Disk
Time: 22:02   Category: None
Type: Error   Event ID: 7
User: N/A
Computer: IPT-MRRBVC6UHDK

Description:

The device, \Device\Harddisk2\DR8, has a bad block.

Data: ⦿ Bytes ○ Words

```
0000:  04 00 22 00 01 00 72 00   .."...r.
0008:  00 00 00 00 07 00 04 c0   ........À
0010:  00 01 00 00 9c 00 00 c0   ....□..À
0018:  00 00 00 00 00 00 00 00   ........
0020:  00 ce 31 2d 00 00 00 00   .Î1-....
0028:  00 00 00 00 04 00 00 00   ........
```

Este es el mensaje que seleccioné de la página anterior, y que dice que hay un bloque malo en el disco duro número dos.

Cuando está trabajando en un programa en Windows Professional, a veces verá que la pantalla cambia a una llamada pantalla azul o *blue screen*. Si ve un mensaje como este después de tener una pantalla azul, esto puede indicar un problema bastante serio con el disco duro, y es necesario que solicite ayuda de personal calificado.

Para recordar

■ Windows 2000 Professional es el sistema operativo más resistente que la compañía Microsoft ha sacado al mercado.

- Windows 2000 Professional puede funcionar por mucho tiempo sin que sea necesario apagar la computadora.

- Para añadir o borrar usuarios es necesario entrar en la computadora con una cuenta que pertenezca al grupo de los administradores.

- En Windows 2000 Professional es muy fácil compartir archivos o un disco duro para que los usuarios en la red en que trabaja los puedan usar.

- Una vez que un usuario decida compartir un archivo o disco duro, le será posible a otro usuario en la misma red usarlo con la misma facilidad que usa un recurso local.

- Si la computadora parece estar tomándose mucho tiempo en realizar tareas, puede que se deba a que el archivo de la memoria virtual no está bien configurado.

- En Windows 2000 Professional, si un programa falla, es posible cerrarlo sin que afecte a otro que esté usando.

El sistema operativo Windows XP

6

Introducción al sistema operativo Windows XP

Windows XP es el último sistema operativo que la compañía Microsoft ha sacado al mercado y usa algunas tecnologías que primero se vieron en uso en los sistemas operativos Windows NT 4.0 y Windows 2000 (como NTFS). Estos dos últimos sistemas operativos todavía son usados por miles de organizaciones alrededor del mundo, que en el futuro se espera que cambien a Windows XP.

Windows XP está disponible en cinco versiones diferentes. En este capítulo aprenderá a hacer varias funciones que son comunes a todas estas diferentes versiones, como por ejemplo cómo trabajar con cuentas de usuarios.

Una de las mejoras de las cuales más se habla con relación a este sistema operativo es que es mucho más estable. Por este motivo es difícil (aunque no imposible) que un solo programa que haya abierto previamente que no esté funcionando bien se apodere completamente de la computadora y le haga imposible usarla.

La gráfica de abajo representa las dos ediciones comerciales del sistema operativo Windows XP de mayor uso.

Actualización a Microsoft Windows XP Home Edition
con paquete de Servicio 2

Actualización a Microsoft Windows XP Pro Edition
con paquete de Servicio 2

Hoy en día cuando compra computadoras para negocios pequeños de compañías como Dell, le pueden preguntar si desea usar Windows XP Home Edition (para la casa) o Windows XP Pro (diseñado para ser usado en redes locales, pero que también resulta ideal para un negocio pequeño).

Ventajas de usar el sistema operativo Microsoft Windows XP sobre versiones anteriores de Windows

Windows XP es el último sistema operativo de la compañía Microsoft. Después de varios años de preparación, éste salió a la venta en el 2001. Para una pequeña empresa el costo inicial puede parecer muy alto, pero al final cambiar a Windows XP puede ahorrarle mucho dinero en soporte técnico.

Si su computadora vino preinstalada con este excelente sistema operativo, no es necesario que piense en cuáles son las ventajas en usarlo. Pero si todavía usa una versión anterior de Windows, y su computadora reúne los requisitos de los cuales hablé en el capítulo anterior, tal vez sea hora de cambiar a Windows XP.

Según Microsoft, éstas son algunas de las ventajas del sistema operativo Windows XP en comparación con Windows 98:

- XP es al menos 10 veces más confiable que Windows 98. Esto fue el resultado de pruebas de la industria llevadas a cabo por la compañía eTesting Labs. Las pruebas también determinaron que el tiempo promedio de funcionamiento de un sistema Windows XP Professional, es decir, el tiempo que funciona sin tener ningún problema serio, es por lo menos 10 veces más que el de Windows 98SE.

- Encontrará mejores herramientas de prevención y de recuperación de archivos, los cuales mantienen sus programas de negocios activos y funcionando con un mínimo de problemas.

- Una de las ventajas de usar este excelente sistema operativo es que le exige menos esfuerzo, tiempo y frustración en administrar sus computadoras. También encontrará útil la opción de recuperar el sistema o "System Restore". Asimismo encontrará que éste tiene mejor protección para el *software* que maneja dispositivos o *device drivers* al emplear el "modo de compatibilidad". Éste le permite instalar *software* compatible sin tener problemas con el sistema operativo. Por último, encontrará muy útil la capacidad de recuperar el uso de la computadora después de una falla, que sucede cuando una aplicación deja de funcionar.

- También notará que una computadora personal que use este sistema operativo reiniciará más rápidamente, y en la mayoría de los casos terminará las tareas en mucho menos tiempo. Esto le permite a usted dedicar más energía a sus negocios y menos en administrar su computadora.

El sistema operativo Windows XP está basado en la tecnología NT, la misma tecnología que se usa en Windows 2000 y NT 4.0. Este sistema operativo añade estabilidad, movilidad y facilidad de manejo a las computadoras personales.

La gráfica de abajo representa el escritorio virtual de Windows XP. En esta gráfica notará que esta edición de Windows XP es la Media Center Edition, que es una versión con programas adicionales para trabajar con multimedios.

Por favor note que el área de trabajo de Windows XP se parece mucho a las versiones anteriores de Windows, como por ejemplo Windows 98, Me y 2000.

El libro de *Windows 98/Me para todos* es una excelente adición a este libro de *Computadoras para todos.* Estos son algunos de los temas que se tratan en este libro: cómo trabajar con una ventana de Windows; cómo trabajar con archivos; cómo trabajar con carpetas y cómo preparar discos flexibles, entre otros temas.

El nuevo menú de comienzo o "Start Menu" en Windows XP

El menú de comienzo o "Start Menu" es una de las diferencias más fáciles de notar si usó una computadora con una versión anterior de Windows, como por ejemplo Windows 98.

Para trabajar con el menú de comienzo o "Start Menu", sólo es necesario hacer clic sobre el botón de comienzo o "Start". Después puede ver que una ventana se abre, presentándole una serie de opciones en las cuales puede hacer clic para usar la computadora.

En la siguiente gráfica puede ver que el nombre del usuario (la persona que está usando la computadora ahora) es Luis Felipe. Si en su casa hay varios usuarios, en la parte de arriba también podrá ver el nombre del usuario que la esté usando en un momento dado. De lo contrario, sólo verá "Admin" o cualquier otro nombre.

El menú de comienzo en Windows XP agrupa al lado izquierdo un número de programas que la computadora se acuerda haber usado anteriormente, y al lado derecho herramientas de trabajo, como las que debe usar para manejar sus archivos (como el ícono de "My Computer") y las que usa para administrar la computadora ("Control Panel").

Para usar uno de estos programas en el menú de comienzo o "Start Menu" lo puede hacer de esta manera:

1. Primero haga clic sobre el botón de comienzo o "Start Menu" para abrir el menú de comienzo.
2. Después jale el indicador hacia arriba, buscando el programa con el cual desea trabajar.

3. Finalmente, haga clic sobre el ícono que representa el programa que busca para abrirlo.

Si el ícono del programa que desea usar no se encuentra en el menú de comienzo o "Start Menu", es necesario abrirlo navegando al menú de todos los programas o "All Programs".

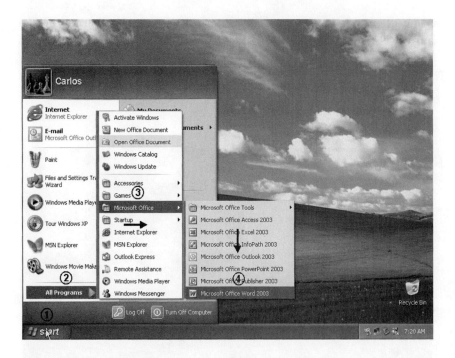

Por ejemplo, siga estos pasos para buscar en el menú de todos los programas o "All Programs" (en una computadora con Windows XP) el procesador de palabras Word de Microsoft (si este fue instalado en su computadora):

1. Haga clic sobre el menú de comienzo o "Start Menu".

2. Suba un poco el indicador del ratón y después haga clic sobre "All Programs".

3. Después lleve el indicador del ratón sobre el grupo de programas que busca, en este caso el grupo de Microsoft Office.

4. Finalmente, haga clic sobre el ícono del programa que busca, en este ejemplo Microsoft Office Word 2003.

Cómo cambiar el menú de comienzo o "Start Menu" de Windows XP al menú de comienzo clásico

Si en el pasado usaba una computadora personal con una versión anterior del sistema operativo Windows, como por ejemplo Windows 98, y está muy acostumbrado al menú de comienzo que se usaba en Windows 98, también le será posible usar éste en Windows XP.

Estos son los pasos para cambiar la configuración del menú de comienzo o "Start Menu" a la versión clásica para que sea igual al de Windows 98:

1. Haga un clic con el botón derecho sobre "Start" para abrir la ventana de diálogo o "Dialog Box" y así cambiar las propiedades del menú de comienzo.

2. Después haga clic sobre "Properties" para abrir la ventana de hacer cambios en la configuración de la barra de tareas y en el menú de comienzo.

En la próxima ventana le será posible cambiar la configuración del menú de comienzo o "Start Menu" a la versión clásica (igual a la de Windows 98):

Siga estos pasos para cambiar la configuración del menú de comienzo o "Start Menu":

1. Una vez que este menú abra, haga clic sobre "Classic Start Menu".
2. Después haga clic sobre "Apply" para seleccionar el menú clásico de comienzo.
3. Finalmente haga clic sobre confirmar o "OK".

Si más tarde decide que prefiere usar el menú de comienzo o "Start Menu" de Windows XP, puede seguir estos pasos para regresar y deshacer este cambio haciendo clic sobre "Start Menu" en vez de "Classic Start Menu".

Cómo trabajar con cuentas de usuarios localmente

Como pudo ver anteriormente, una de las ventajas de usar el sistema operativo Windows XP es que se pueden proteger sus archivos de intrusos locales o ajenos (a través del Internet). Esto todo se logra en parte con el uso de cuentas de usuarios, que le permiten a cada una de las personas que usa la computadora proteger sus propios archivos.

En la gráfica de arriba puede ver un ejemplo de la pantalla que verá en una computadora con tres usuarios. La cuenta de visitante o "Guest" es muy limitada. Si trabaja en una computadora con sólo una cuenta de usuario, y esta cuenta no tiene una contraseña, nunca verá la ventana de arriba.

Para entrar a una computadora (con Windows XP), haga clic sobre el nombre de usuario que le corresponde. Si esta cuenta tiene una contraseña o "Password", escríbala y después haga clic sobre el indicador verde para entrar a la computadora.

Una de las primeras preguntas que verá cuando esté preparando una computadora nueva por primera vez, con Windows XP instalado (o una que acaba de actualizar a Windows XP), es ¿Quién usará esta computadora? o "Who will use this computer?".

En este momento puede ser buena idea escribir los nombres o la palabra que desea usar para cada usuario (como en el ejemplo de arriba), de las personas que tendrán acceso a esta computadora. Si no está seguro de qué nombre usar, puede regresar más tarde y añadirlo. Más adelante aprenderá a añadirle contraseñas o "Passwords" a las cuentas de usuarios para evitar que otros usuarios entren a la computadora usando su cuenta.

También es importante recordar que todas las cuentas de usuarios cuyos nombres añadió a esta lista (en el preciso momento cuando prendió la computadora por primera vez, después de comprarla en la tienda), recibirán derechos de administrador de la computadora. Por este motivo tal vez pueda ser mejor sólo añadir el nombre suyo, y después añadir las cuentas de los otros usuarios más tarde.

Para trabajar con cuentas de usuarios localmente es necesario abrir el panel de controles y después el programa para trabajar con cuentas de usuarios o "User Accounts".

Para hacer esto primero abriremos la ventana de "Run"; desde ésta le es posible abrir un programa si sabe el nombre de su archivo.

Run ? X

Type the name of a program, folder, document, or Internet resource, and Windows will open it for you.

Open: control

OK   Cancel   Browse...

Siga estos pasos para abrir el panel de control o "Control Panel" desde la ventana de ejecutar un programa o "Run":

1. Haga clic sobre el menú de comienzo o "Start Menu".
2. Ahora busque el ícono de ejecutar o "Run", y después haga clic sobre éste.
3. En la ventana al lado de "Open", escriba "Control" y después oprima la tecla de confirmar o "Enter".

Después de que se abra el panel de control, busque el ícono de "Users Accounts".

User Accounts

Haga clic sobre este ícono para abrir el programa de manejar cuentas de usuarios y contraseñas. En computadoras con el segundo paquete de servicio (SP2), tal vez sea necesario hacer clic sobre cuentas de usuarios o "User Accounts" de nuevo en la ventana de diálogo que se abrirá después de hacer clic sobre cuentas de usuarios o "User accounts" en el panel de control o "Control panel".

Cómo crear una cuenta de usuario local

A continuación aprenderá a añadir una cuenta de usuario local para permitirle a otra persona usar esta computadora.

Si cerró el programa para manejar cuentas de usuarios y contraseñas o "User Accounts", ábralo de nuevo siguiendo los pasos que aprendió en la página anterior.

La siguiente gráfica representa el programa para trabajar con cuentas de usuarios locales en Windows XP.

Si desea añadir una cuenta de usuario local para darle acceso a esta computadora, haga clic sobre "crear una cuenta nueva" o "Create a new account".

Por favor recuerde que tanto para añadir o borrar cuentas de usuarios como cambiar contraseñas o "passwords" de otros usuarios, es necesario entrar a la computadora con una cuenta de usuario que pertenezca al grupo de los administradores de la computadora. De lo contrario, el único cambio que podrá hacer un usuario con una cuenta limitada usando el programa de cuentas de usuarios o "User Accounts" es cambiar su propia contraseña o "Password".

 ## Creating a user account

Want to create a user account for someone? This is a task that only a computer administrator can do. If you want to create a new account, ask someone with a computer administrator account to help you.

En la gráfica de arriba puede ver el mensaje que verá si el usuario que está tratando de añadir o borrar una cuenta de usuario no tiene suficientes derechos para hacerlo.

Si compra una computadora con Windows XP Home Edition, es buena idea que cree una contraseña para la cuenta del administrador de la computadora.

Si recibió una computadora con Windows XP Pro, será necesario crear una contraseña para la cuenta del administrador local cuando prende la computadora por primera vez. También es muy importante que trate de usar una combinación de números o letras que le sean fáciles de recordar, ya que si la pierde puede que le sea imposible entrar a usar la computadora.

Una vez que la próxima pantalla abra, le será posible abrir una cuenta de usuario local en una computadora con Windows XP. Este proceso se puede repetir muchas veces para abrir cuentas de usuario local para todas las personas que usan una computadora.

Name the new account

Type a name for the new account:

(1) | Arcadio |

This name will appear on the Welcome screen and on the Start menu.

(2)

| Next > | | Cancel |

Pick an account type

◯ Computer administrator   ◉ Limited

(3)

With a limited account, you can:
- Change or remove your password
- Change your picture, theme, and other desktop settings
- View files you created
- View files in the Shared Documents folder

Users with limited accounts cannot always install programs. Depending on the program, a user might need administrator privileges to install it.

Also, programs designed prior to Windows XP or Windows 2000 might not work properly with limited accounts. For best results, choose programs bearing the Designed for Windows XP logo, or, to run older programs, choose the "computer administrator" account type.

(4)

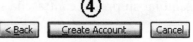

| < Back | | Create Account | | Cancel |

Siga estos pasos (illustrados en la gráfica anterior) para crear una cuenta local en Windows XP después de hacer clic sobre "crear una cuenta nueva" o "Create new account":

1. En esta casilla escriba el nombre de usuario que desea usar. Podría ser, por ejemplo, la primera inicial de su nombre más el apellido.

2. Después haga clic sobre próximo o "Next", para ver la segunda parte de este proceso.

3. Ahora haga clic sobre el tipo de acceso que desea asignar a este usuario. Por ejemplo, para un menor o para alguien que

no sabe usar bien la computadora, haga clic sobre "limitado" o "Limited". Para una persona de confianza que sepa usar la computadora, puede elegir "administrador de la computadora" o "Computer Administrator".

4. Por último, haga clic sobre "crear una cuenta" o "Create Account".

Cómo añadir una contraseña a una cuenta de usuario local en Windows XP

Cuando preparó la computadora por primera vez, tal vez creó cuentas de usuarios locales para darles a todas las personas que viven en su hogar acceso a su computadora. Pero recuerde que inmediatamente después de abrir estas cuentas, no están protegidas, por lo que es muy buena idea añadirles una contraseña.

También es importante añadirle una contraseña a la cuenta de administrador, es decir, un usuario que puede añadir, borrar y en general administrar los privilegios de las otras cuentas en Windows XP Home Edition. De esta manera el administrador pueda designar qué privilegios tienen los otros usuarios con cuentas limitadas. Por ejemplo, un usuario con una cuenta de usuario local sólo puede cambiar su propia contraseña si tiene una.

Una vez que el programa para trabajar con cuentas de usuarios se abra, siguiendo los pasos de la página anterior haga clic sobre el nombre del usuario con el cual quiere trabajar. Por ejemplo, si es un administrador y desea añadirle una contraseña a su cuenta, haga clic sobre la cuenta que dice "Computer administrador".

Este libro fue escrito usando una computadora Hewlett Packard. Por lo tanto, notará que dice "HP_Administrator". Dependiendo del tipo de computadora que tenga, puede que diga "Admin" o algo parecido.

Cuando la próxima ventana se abra, le será posible añadir una contraseña a una cuenta de usuario, y es una buena idea apuntarla y guardarla en un lugar muy seguro.

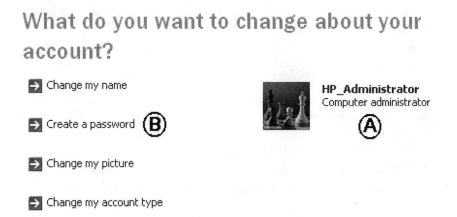

En la ventana de arriba, desde la cual puede hacer varios cambios a una cuenta de usuario local en una computadora personal con Windows XP, por favor note estos dos detalles:

A Este es el nombre de la cuenta con la cual está trabajando. Note que debajo del nombre de la cuenta dice Administrador de la computadora o "Computer administrator". Si esta fuera una cuenta limitada diría "Limited Account".

B Haga clic sobre crear una contraseña o "Create a password", para añadirle una contraseña a esta cuenta de administrador. Si más tarde la desea cambiar, regrese a esta ventana y haga clic sobre la opción de cambiar contraseña o "Change password".

Es importante que cuando esté trabajando con contraseñas en Windows XP o 2000, se percate bien de lo que está haciendo. Por ejemplo, si cambia la contraseña del administrador en una computadora con sólo un usuario y después la olvida, le será muy difícil entrar a la computadora sin la ayuda de un experto en computadoras.

Recuerde que una contraseña le ofrece un nivel básico de seguridad. Es decir, una vez que entre a la computadora con su nombre de usuario y su contraseña, su trabajo está un poco más protegido de lo que estaría si esta computadora sólo tuviera un solo nombre de usuario que todos usan.

Create a password for your account

Type a new password:

••••••••••

Type ①the new password again to confirm:

••••••••••

If your password contains capital letters, be sure to type them the same way every time you log on.

Type a word or phrase to use as a password hint:

Nombre de mi perro

The ②password hint will be visible to everyone who uses this computer.

③ [Create Password]   [Cancel]

Esta es la manera de añadir una contraseña a una cuenta de usuario en Windows XP:

1. Escriba la contraseña que desea usar de manera exactamente igual en la primera y en la segunda casilla. Recuerde que puede usar una combinación de letras y números, y si usa una letra que no está permitida, el sistema operativo le avisará.

2. En esta casilla escriba una pista. Si acaso se le olvida su contraseña, la pista le ayudará a recordar qué palabra o combinación de palabras y letras usó. Esto no tiene sentido en una computadora a la cual varias personas tengan acceso, porque esta pista la pueden ver todas las otras personas que usan la computadora.

3. Por último, haga clic sobre Crear una contraseña o "Create a password". Si no escribió la contraseña que desea usar exactamente en la primera y la segunda casilla, el sistema operativo también le avisará de esto y tendrá que escribirla de nuevo.

Cómo cambiar una contraseña en una cuenta de usuario en Windows XP

Los pasos para cambiar una contraseña en su propia cuenta (si tiene una cuenta limitada o de administrador) o en la cuenta de otros usuarios (si tiene una cuenta de administrador), son muy similares a los de añadir una contraseña. Para empezar, siga los pasos de las páginas anteriores, y después de escoger el usuario con el cual desea trabajar, haga clic sobre cambiar la contraseña o "Change your password".

Change your password

Type your current password:

| •••••••••   ① |

Type a new password:

| •••••••••• |

Type the new password ② in to confirm:

| •••••••• |

If your password contains capital letters, be sure to type them the same way every time you log on.

Type a word or phrase to use as a password hint:

| |

The password hint will be visible to everyone who uses this computer.

| Change Password | | Cancel |

Esta es la manera de cambiarle la contraseña a una cuenta de usuario en Windows XP:

1. Escriba la contraseña que desea cambiar. Si se le olvidó la contraseña y tiene una cuenta limitada, le puede pedir a un usuario que tenga una cuenta de administrador que se la cambie.

2. En la primera y la segunda casilla, escribe la contraseña que desea usar exactamente igual. Recuerde que puede usar una combinación de letras y números, y si usa una letra que no está permitida, el sistema operativo le avisará.

3. Por último, haga clic sobre Cambiar contraseña o "Change password". Si no escribió la contraseña que desea usar exactamente igual en la primera y la segunda casilla, el sistema operativo le avisará de esto y tendrá que comenzar de nuevo.

Cómo compartir carpetas o archivos con otros usuarios de la misma computadora

En Windows XP es muy fácil compartir carpetas o archivos para que otros usuarios que usan la misma computadora los puedan usar. Lo único que tiene que pensar es qué carpeta o archivos desea compartir para que otros usuarios que también usan la misma computadora tengan acceso a estos.

Para seguir este ejemplo, primero abra la carpeta de mis documentos o "My Documents". Esta por lo general está en el escritorio virtual o "Desktop".

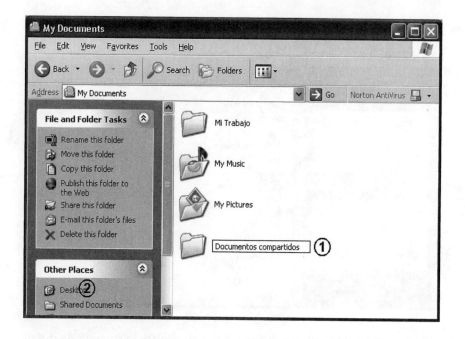

Para compartir una carpeta o un archivo en Windows XP sólo es necesario moverlo a la carpeta de documentos compartidos o "Shared Documents" de la siguiente manera:

1. Busque la carpeta o el archivo que desea compartir. Para este ejemplo haga una nueva carpeta, haciendo clic sobre "File" y después sobre "New" y después sobre "Folder". Para este ejemplo déle a esta carpeta el nombre de documentos compartidos, y después haga clic en la parte libre de esta ventana.

2. Finalmente haga clic sobre la carpeta o el archivo que desea compartir, mientras sostiene el botón izquierdo del ratón, y arrástrelo hasta la parte izquierda de esta ventana sobre documentos compartidos o "Shared Documents".

En el futuro, lo único que tendrán que hacer usted y todos los demás usuarios que usan esta computadora es abrir esta carpeta de documentos compartidos o "Shared Documents". Entonces verán todas las carpetas y archivos compartidos en esta computadora.

Por ejemplo, para ver la carpeta que creó anteriormente y que después movió a documentos compartidos o "Shared Documents", regrese a la carpeta de mis documentos o "My Documents".

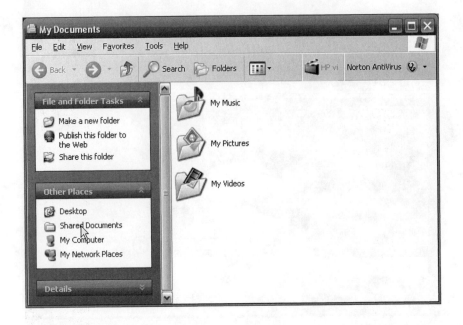

Una vez que esta ventana se abra, haga clic sobre la carpeta de documentos compartidos o "Shared Documents" para abrirla y ver sus contenidos.

Recuerde que cuando elija compartir una carpeta o un archivo, este ya no será visible en el sitio donde lo creó originalmente. Esto al principio lo puede confundir un poco, pero recuerde que siempre lo puede mover de nuevo a la carpeta donde estaba antes.

Cuando se abra la ventana de documentos compartidos o "Shared Folders", le será posible trabajar con estas carpetas o archivos con la misma facilidad con la que trabaja con sus mismas carpetas y sus propios archivos.

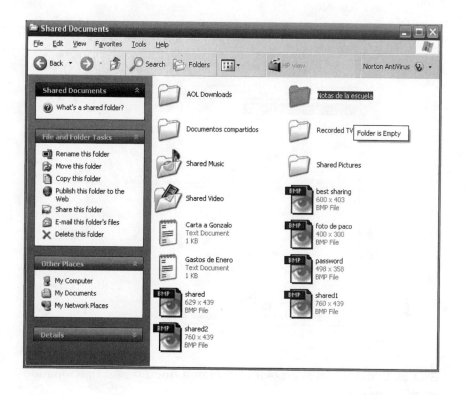

Para abrir un documento, como por ejemplo la Carta a Gonzalo, haga doble clic sobre éste. Cuando termine de trabajar con este documento, éste estará disponible a los demás usuarios.

Cómo cerrar un programa que no responde

Una de las ventajas de Windows XP es que los recursos que cada programa usa están muy bien aislados de los otros. De esta manera, si un programa falla es posible cerrarlo sin que éste afecte a otro que esté usando. En este sistema operativo, es muy raro ver que un solo programa haga que la computadora se congele.

Primero abra la ventana del administrador de las tareas, que se están ejecutando en esta computadora al oprimir la combinación de teclas CTRL + ALT + DEL.

Esta es la manera de cerrar un programa que no esté funcionando en Windows XP:

1. Primero lleve el indicador sobre el nombre del programa que no esta respondiendo ("Not responding") y haga clic una vez para elegirlo.
2. Después haga clic sobre "End Task".

Información acerca del segundo paquete de servicio (SP2) de Windows XP

Más o menos una vez al año, la compañía Microsoft hace mejoras para actualizar el sistema operativo Windows XP. Estas actualizaciones contienen todas las últimas soluciones y mejoras que Microsoft ha puesto a la disposición de los usuarios a lo largo del año anterior. Estas actualizaciones (denominadas paquetes de servicio o "Service Pack") le permiten obtener cómodamente y de una sola vez la versión más reciente para usar dispositivos, mejoras de

seguridad, parches y algunas modificaciones del producto solicita-
das por los usuarios que hayan tenido problemas con alguna parte
de este excelente sistema operativo.

Todo el contenido del último paquete de servicio o "Service Pack"
2 de Windows XP o SP2 fue diseñado para solucionar asuntos rela-
cionados con la seguridad; este paquete de servicio es uno de los
más importantes que ha salido hasta el momento.

Estas son algunas de las mejoras incluidas con el paquete de servicio SP2:

- Mejor protección contra virus, gusanos y piratas informáticos.

- Un programa para bloquear acceso a intrusos o *hackers*, cono-
  cido como muralla de fuego o "Firewall", que protege a computadoras conectadas al Internet.

- Un programa en Internet Explorer para evitar las ventanitas
  o *pop-ups* que a veces se abren cuando uno visita algunos
  sitios Web.

Casi todos estos nuevos elementos se manejan desde el nuevo centro de seguridad de Windows. Este se encuentra en el control de
paneles o "Control Panel".

Si no sabe si su computadora ya tiene este paquete de servicio, quizás porque la haya comprado antes de 2003, haga clic con el botón derecho del ratón sobre el ícono de "My Computer" y después haga clic sobre las propiedades de este o "Properties". Si tiene SP2, debe decir "Service Pack 2". Si no lo tiene, puede conseguirlo siguiendo los pasos en la última parte del tercer capítulo ("Cómo actualizar su copia de Windows XP").

Para recordar:

- Windows XP es el último sistema operativo que la compañía
  Microsoft ha sacado al mercado.

- Windows XP está a la venta en cinco diferentes versiones.
  Las versiones más usadas son: Windows XP Home Edition y
  Windows XP Professional.

- Windows XP puede funcionar por mucho tiempo sin un solo evento en el cual sea necesario apagar la computadora.

- Para añadir o borrar usuarios es necesario entrar a la computadora con una cuenta que pertenezca al grupo de los administradores.

- En Windows XP es muy fácil compartir carpetas o archivos entre los diferentes usuarios que usan la computadora.

- Si un programa falla en Windows XP es posible cerrarlo sin que éste afecte a otro programa que esté usando.

- La compañía Microsoft ofrece actualizaciones o mejoras, sin cargo alguno, a este excelente sistema operativo Windows XP cada vez que encuentra que algo no está funcionando bien con él, o cuando encuentran que personas maliciosas han encontrado una manera de comprometer su computadora mientras esté conectado al Internet.

- El último paquete de servicio, que contiene todas las mejoras hechas a través del año, es el número 2. Este también se conoce como SP2.

Funciones comunes en todas las versiones de Windows

7

El concepto de un programa por ventana

El sistema operativo Windows consiste en una serie de ventanas. Cada una representa un programa o un menú de un programa.

En la siguiente gráfica puede ver tres programas diferentes. Cada uno tiene una ventana diferente.

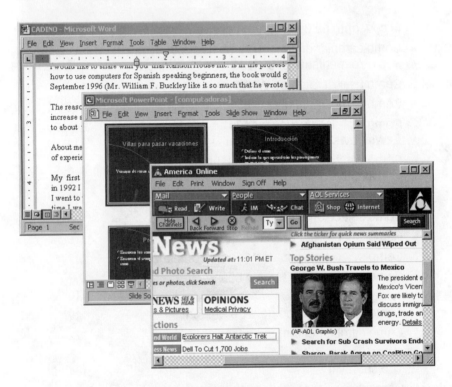

En Windows es posible abrir cuantos programas necesite dependiendo de la memoria que tenga el sistema que está usando.

Cómo cambiar de un programa que está usando a otro mediante el teclado

En Windows es posible cambiar muy fácilmente de un programa que tenga abierto a otro usando la combinación de teclas ALT +

TAB. En la siguiente gráfica se puede ver en el centro del recuadro lo que verá cuando usa esta combinación de teclas.

Para cambiar de un programa que esté usando a otro, sostenga la tecla ALT y después use la tecla TAB como un interruptor virtual, oprimiéndola una vez por cada programa que tenga abierto. Cuando encuentre el que desea usar, retire la mano del teclado.

Cómo usar el ratón en Windows

El ratón o *mouse* tiene dos botones. La función de pulsar el botón izquierdo del ratón se conoce como hacer "clic". Para abrir un programa, pulse el botón izquierdo dos veces, y sólo una vez para hacer selecciones dentro del programa.

La flecha anterior, o indicador, representa la posición del ratón en la pantalla. Cuando reciba la instrucción de colocar el ratón a un punto en la pantalla, coloque esta flecha encima del punto mencionado.

Cómo cambiar el doble clic a un solo clic

Esta puede ser una función bastante útil para algunos usuarios y también le permite abrir documentos haciendo un solo clic. Esta función está disponible en las últimas versiones de Windows, como Windows Me, Windows 2000 Professional y Windows XP.

La siguiente gráfica le ayudará a guiarse para hacer este cambio.

Primero abra el recuadro de cambiar las opciones en los archivos de la siguiente manera:

1. Abra "Explorer" y después haga clic sobre "Tools".
2. Hale el indicador hacia abajo, y haga clic sobre "Folder Options".

En la siguiente gráfica verá el recuadro para hacer este cambio.

Ahora puede hacer este cambio de la siguiente manera:

1. Coloque el indicador sobre "Single click to open item" para cambiar el doble clic (para abrir programas en el escritorio virtual o "Desktop").
2. Haga clic sobre "Apply" y después sobre "OK".

Cómo usar los nuevos menús en Windows Me y Windows 2000 Professional

En la siguiente gráfica se puede ver una representación de estos nuevos menús que se abren cuando se hace clic sobre "Start". Cuando llegue a un ícono de dos flechitas, coloque el indicador sobre ésta y espere hasta que se pueda ver el resto del menú.

La siguiente gráfica representa el nuevo tipo de menú en Windows Me, Windows 2000 Professional y Windows XP.

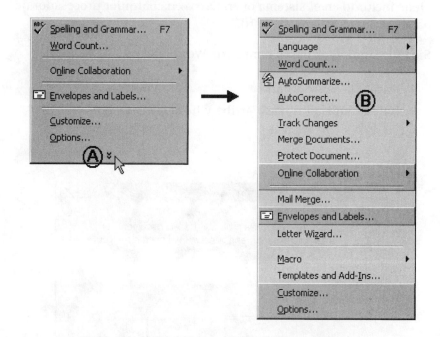

Si desea hacer un cambio en el menú de funciones, hágalo de la siguiente manera:

Cuando elija "Tools" verá el primer menú. Si la función con la cual desea trabajar no se ve, coloque el indicador sobre las dos flechitas que apuntan hacia abajo y manténgalo en esta posición.

B Ahora puede ver el menú completo que estaba escondido en el primer menú.

Cómo cambiar el tipo y el tamaño de letra en un documento

Siga los ejemplos siguientes para aprender a cambiar el tipo y el tamaño de letra en cualquier documento de un programa que esté usando en Windows. Esta función es muy útil si desea hacer títulos con letras más grandes o desea usar diferentes tipos de letra. Al seguir estas indicaciones aprenderá a cambiar el tipo y el tamaño de letra de sólo la parte del documento con que esté trabajando o bien de todo el documento.

Para seguir este ejemplo, puede abrir el programa WordPad. Este viene incluido en el sistema operativo o en cualquier procesador de palabras como Microsoft Word.

Siga los siguientes pasos para abrir WordPad:

1. Haga clic sobre "Start".
2. Hale el indicador hacia arriba y haga clic sobre "Run".

Run	? X

Type the name of a program, folder, document, or Internet resource, and Windows will open it for you.

Open: | wordpad |

OK   Cancel   Browse...

En la casilla al lado de "Open", escriba "WordPad" y después oprima la tecla "Enter".

Ahora se puede ver el procesador WordPad. El ejemplo para cambiar el tipo y el tamaño de letra en este capítulo funciona de la misma manera en cualquier programa para Windows.

La siguiente gráfica muestra el menú para cambiar el tipo y el tamaño de letra.

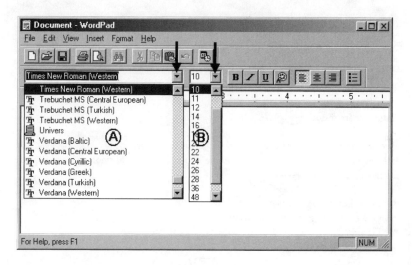

Siga los siguientes pasos para familiarizarse con los diferentes tipos y el tamaño de letra a su disposición:

A Haga clic sobre esta guía, indicada por la flecha, para ver los diferentes tipos de letra.

B Haga clic sobre esta guía, indicada por la flecha, para ver los diferentes tamaños a los cuales se puede cambiar el tipo de letra.

Nota

El tamaño de la letra también se puede cambiar de la siguiente manera: una vez que haya seleccionado el texto que desee cambiar, coloque el indicador en la casilla que indica el tamaño de la letra y haga clic. Ahora escriba el tamaño de letra que desea usar y oprima la tecla "Enter".

En las páginas que siguen aprenderá a cambiar el tipo y el tamaño de letra en un documento.

La siguiente gráfica representa el programa WordPad.

Para trabajar con los nuevos menús desplegables, hágalo de la siguiente manera:

En la gráfica de arriba puede notar lo siguiente:

A Este es el cursor que parece una "I" y es intermitente. Le indica el lugar donde el texto que está escribiendo se verá en la pantalla.

B Este es el tipo y el tamaño de letra de la palabra al lado del cursor.

Un documento puede tener texto con diferentes tipos y tamaños de letras cuyo único límite es su creatividad.

Las diferentes maneras de seleccionar texto

Primero seleccione el texto o parte del documento al que desea cambiarle el tipo o el tamaño de letra. Se puede hacer muchas veces en un solo documento hasta llegar al resultado que desea.

Las siguientes son las tres maneras de seleccionar texto para cambiarle el tipo o tamaño de letra:

- *Cómo seleccionar una sola palabra:* Coloque el indicador en un espacio anterior a la palabra que desea seleccionar. A continuación, haga clic sobre la palabra una vez con el botón izquierdo del ratón (mientras sostiene el botón izquierdo), y selecciónela (como si estuviero barriendo), jalándola hasta que esté resaltada.

- *Cómo seleccionar una línea completa en un documento:* coloque el indicador sobre el comienzo de la línea y después haga clic una vez.

- *Cómo seleccionar un documento completo:* coloque el indicador en cualquier parte del documento y use la combinación de teclas CTRL + A.

> **!** Ponga mucha atención cuando esté aprendiendo a cambiar el tipo y el tamaño de letra en un documento que no le pertenece. Hágalo paso a paso para no perder la cuenta de los cambios que hace en el documento con el que está trabajando. Si comete un error, use la combinación de CTRL + Z, ya que le permitirá deshacer los cambios de una sola vez.

Cómo seleccionar varias palabras a la vez

En Windows es posible seleccionar una o varias palabras a la vez en un documento para después cambiarlas de tipo y tamaño de letra. Esta función se usa muy a menudo para resaltar palabras que

expresen ideas importantes en presentaciones o en cartas de negocios.

La siguiente gráfica le ayudará con el proceso de seleccionar una o
varias palabras a la vez.

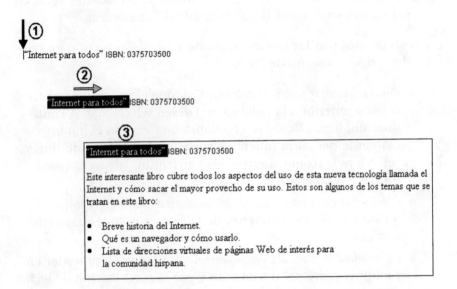

Siga los siguientes pasos mirando la gráfica anterior para seleccionar una o varias palabras a la vez:

1. Coloque el indicador en el espacio anterior al comienzo de la
   primera palabra que desea seleccionar y haga clic una vez.

2. Después, mientras sostiene el botón izquierdo del ratón,
   comience a seleccionar la palabra o palabras que desea cambiar (como barriendo) y para terminar, retire la mano del
   ratón.

3. Finalmente, se puede ver como "Internet para todos" está
   seleccionado. Es decir, aparece resaltado.

Cómo seleccionar una línea completa

Se puede seleccionar una línea completa de manera muy fácil con
un solo clic. A veces es necesario hacerlo para cambiar un título.
También puede ser muy útil para centrar un título.

La siguiente gráfica representa la manera de seleccionar una línea completa dentro de un documento.

Siga los siguientes pasos, mirando la gráfica anterior, para seleccionar una línea completa:

1. Coloque el indicador sobre este punto a la izquierda del comienzo de la línea que desea seleccionar, indicado por la flecha, y note cómo el indicador se transforma en un ángulo de casi 45 grados. Entonces haga clic una vez.

2. Finalmente se puede ver cómo toda la primera línea de este documento está seleccionada.

Cómo seleccionar un documento completo

Ahora aprenderá a seleccionar un documento completo, o sea, todo lo que se ve en la pantalla cuando abre uno de sus documentos. Por ejemplo, esto puede ser muy útil si recibe correo electrónico con letras muy pequeñas y las quiere cambiar a letras de doce puntos.

La siguiente gráfica representa la manera de seleccionar una o varias palabras dentro de un documento.

"Internet para todos" ISBN: 0375703500   ①

Este interesante libro cubre todos los aspectos del uso de esta nueva tecnología llamada el Internet y cómo sacar el mayor provecho de su uso. Estos son algunos de los temas que se tratan en este libro:

- Bre
- Qu
- List
la comu

"Internet para todos" ISBN: 0375703500

Este interesante libro cubre todos los aspectos del uso de esta nueva tecnología llamad Internet y cómo sacar el mayor provecho de su uso. Estos son algunos de los temas q tratan en este libro: ②

- Breve historia del Internet.
- Qué es un navegador y cómo usarlo.
- Lista de direcciones virtuales de páginas Web de interés para la comunidad hispana.

Siga los siguientes pasos, mirando la gráfica anterior, para seleccionar todo lo que se ve en la pantalla cuando abre un documento:

1. Coloque el indicador sobre cualquier parte dentro del documento que desea seleccionar y haga clic una vez.
2. Ahora use la combinación de teclas CTRL + A. Como puede ver en la gráfica anterior, todo el texto en este documento se ha resaltado. *Ahora retire las manos del teclado y lea la siguiente página.*

Cómo evitar perder trabajo cuando tenga texto seleccionado

Es muy importante que para terminar este ejemplo *Retire las manos del teclado* mientras tenga el documento completo seleccionado y que sólo use el indicador del ratón. Esto se debe a que si en este momento (mientras tenga todo el documento seleccionado) pulsa cualquier tecla en el teclado, la computadora asumirá que usted desea reemplazar todo el texto seleccionado con el valor de la tecla que acaba de pulsar.

De esta manera, un documento de cien páginas puede parecerse al documento anterior donde sólo puede ver una "O" que oprimió por equivocación. Si esto le sucede, puede recuperar su documento usando la combinación de teclas CTRL + Z. Esta funciona muy bien si acaba de cometer este error.

Cómo cambiar el tipo de letra (o "Font")

En cuanto ya sepa cómo seleccionar el texto que desea cambiar de tipo o tamaño de letras, siga este ejemplo para escoger de la lista de tipos y tamaños de letra que tiene instalada en la computadora.

La siguiente gráfica le ayudará con este ejemplo.

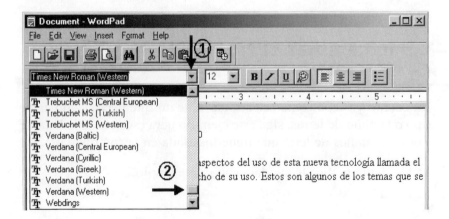

Por ejemplo, si seleccionó sólo una parte del título, lo podrá ver claramente como en el ejemplo anterior.

Ahora puede cambiar el tipo de letra a cualquier otro que esté instalado en su computadora. Un sistema operativo como Windows viene instalado con muchos tipos de letra diferentes, y si añade Microsoft Office, éste le dará muchos más tipos de letras adicionales.

Ahora siga la siguiente gráfica para cambiar el tipo de letra que desea usar para un título.

Una vez que tenga seleccionada una palabra de un documento, es posible cambiarle el tipo de letra de la siguiente manera:

1. Coloque el indicador sobre esta guía y haga clic una vez.
2. Para ver todos los tipos de letra que tiene, coloque el indicador sobre la guía mientras sostiene el botón izquierdo del ratón y jálela hacia arriba.

Ahora se puede ver en el siguiente recuadro los diferentes tipos de letras instalados en esta computadora. También puede ver cómo cada uno de estos tipos de letra tienen dos "T" a la izquierda. Esto significa que son del tipo "TrueType", los cuales se ven iguales tanto en la página impresa como en la pantalla.

La siguiente gráfica representa el menú tipo cortina para seleccionar diferentes tipos de letra.

```
Tr  Century Gothic (Western)        ▲
🖳  CG Times
Tr  Comic Sans MS (Baltic)
Tr  Comic Sans MS (Central European)
Tr  Comic Sans MS (Cyrillic)
Tr  Comic Sans MS (Greek)
Tr  Comic Sans MS (Turkish)
    Comic Sans MS (Western)
🖳  Courier
Tr  Courier New (Arabic)
Tr  Courier New (Baltic)            ▼
```

Por ejemplo, si desea usar el tipo de letra "Comic Sans MS [Western]", sólo haga clic sobre éste, después coloque el indicador en cualquier parte de su documento, y haga clic una vez.

Ahora puede ver claramente en la siguiente gráfica cómo cambió el tipo de letra de las palabras seleccionadas.

```
Comic Sans MS (Western)        ▼    12  ▼
▽ · · · I · · · 1 · · · I · · · 2 · · · I · · · 3
```

"Internet para todos" ISBN: 0375703500

Si tiene dudas de si el tipo de letra de verdad cambió demasiado por ser parecida a la anterior, coloque el indicador al comienzo de la palabra y haga clic. Ahora podrá ver claramente el tipo de letra que es. En este caso, es "Comic Sans MS [Western]".

Cómo cambiar el tamaño de letra

El tamaño de letra que desea usar se puede cambiar. Por lo general, el tamaño 12 es el que más se usa en la correspondencia de negocios.

En la siguiente gráfica se puede ver cómo es necesario seleccionar primero el texto que quiere cambiar de tamaño de letra.

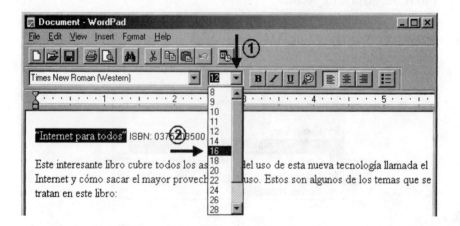

Los pasos para cambiar el tamaño de letra una vez que el texto que desea cambiar haya seleccionado son:

1. Coloque el indicador sobre esta guía para ver los tamaños de letras disponibles.
2. Escoja el tamaño de letra que desea usar y haga clic sobre él. Para terminar, coloque el indicador en cualquier parte del documento, y haga clic una vez.

En la siguiente gráfica se puede ver que el tamaño de letra ha cambiado.

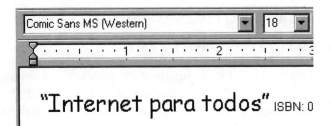

Cuando coloque el indicador delante de "Internet para todos", podrá ver claramente que el tamaño de este tipo de letra ha cambiado al número 18.

En la siguiente gráfica puede ver lo que hay que hacer si necesita usar un tamaño de letra que no está en el menú tipo cortina.

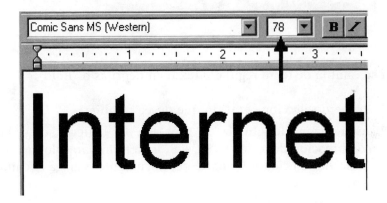

Por ejemplo, si necesita usar un tamaño de letra más grande, lo puede hacer así:

1. Seleccione el texto que desea cambiar.
2. Coloque el indicador en el cuadrito (indicado por la flecha), y escriba el número que desea usar. Si las letras son demasiado grandes una vez hecho al cambio, use la combinación de teclas CTRL + Z para deshacerlo, y luego utilice otro tamaño de letra.

Cómo usar negritas o "Bold", hacer letra cursiva o subrayar

Para enfatizar una palabra se puede usar negritas, cursivas o subrayar la palabra. Para usar estas funciones, seleccione, de la misma manera que aprendió en las páginas anteriores, la palabra o las palabras que desea cambiar.

La siguiente gráfica le ayudará a cambiar una selección al tipo de letra en negritas o "Bold".

Así se cambia de texto regular a texto en negritas o "Bold":

1. Primero seleccione el texto que desea cambiar.
2. Ahora haga clic sobre la "B" señalada por la flecha, o use la combinación de teclas CTRL + B. Para terminar, coloque el indicador en cualquier parte del documento, y haga clic una vez.

Ahora se puede ver en la siguiente gráfica como el texto seleccionado quedó más oscuro.

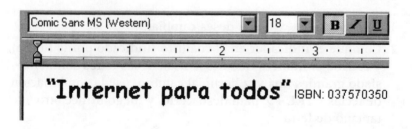

Se puede usar esta función para cambiar un par de palabras o todo un documento.

La siguiente gráfica le ayudará a cambiar una palabra o palabras a cursivas o "Italics".

Así se cambia de texto regular a cursivas o "Italics":

1. Primero seleccione el texto que desee cambiar.
2. Ahora haga clic sobre la "I", señalada por la flecha, o use la combinación de teclas CTRL + I. Para terminar, coloque el indicador en cualquier parte del documento, y haga clic una vez.

Ahora se puede ver en la siguiente gráfica cómo el texto seleccionado aparece inclinado hacia la derecha.

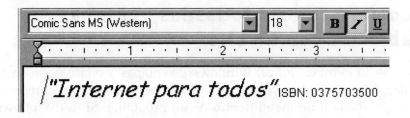

La siguiente gráfica le ayudará a subrayar o "Underline" una palabra o palabras.

Así se subraya o "Underline" texto:

1. Primero seleccione el texto que desea cambiar.
2. Ahora haga clic sobre esta "U", señalada por la flecha, o use la combinación de teclas CTRL + U. Para terminar, coloque el indicador en cualquier parte del documento, y haga clic una vez.

Ahora se puede ver en la siguiente gráfica como el texto selecciona-do está subrayado con una línea.

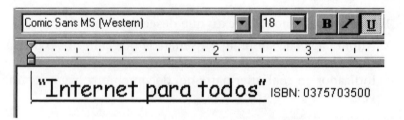

Se puede usar esta función para cambiar un par de palabras o todo un documento.

Cómo esconder todas las ventanas abiertas con un clic

Como su nombre indica, Windows ("Ventanas") está basado en la idea de usar muchas ventanas, o "windows". Cada una representa un programa o un menú dentro de un programa. Si usa Windows 95/Me, Windows 2000 o Windows XP y desea ver el escritorio vir-tual o "Desktop", puede esconder todas las ventanas abiertas con un solo clic del ratón.

La siguiente gráfica muestra un escritorio virtual cubierto de pro-gramas.

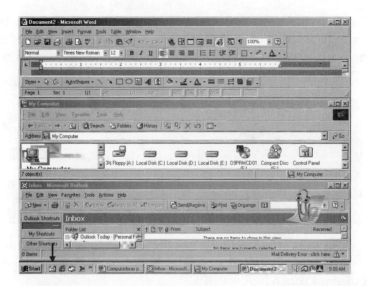

Si necesita regresar al escritorio virtual, sólo haga clic sobre el símbolo indicado con la flecha.

Después de hacer clic sobre este símbolo le será posible ver el escritorio virtual o "Desktop", ya que todos los programas que se estaban usando están minimizados. Ahora el único indicio de éstos son sus símbolos o *icons* en la barra de tareas de Windows.

Para volver a trabajar con estos programas, sólo haga clic sobre el mismo ícono que usó para esconder las ventanas que tenía abiertas. También puede hacer clic sobre uno de los íconos de la barra de trabajo (como por ejemplo Calculador) para regresar al programa que desea usar.

En Windows XP (si no ha utilizado esta función antes), tal vez le sea necesario hacer un paso adicional para ver el botón de esconder las ventanas que tiene abiertas, lo que le permite ver el escritorio virtual o "Desktop".

Siga estos pasos si no encuentra el botón de esconder las ventanas que tiene abiertas (para ver el escritorio virtual o "Desktop") en una computadora con Windows XP:

1. Primero cierre todos los programas que tenga abiertos o sólo haga clic sobre una parte libre de la barra de tareas. Después haga clic (con el botón derecho del ratón) sobre la barrita azul.

2. Ahora hale el indicador hacia arriba hasta llegar a barras de herramientas o "Toolbars". Entonces muévalo un poco hacia la derecha, después hacia abajo y por último haga clic sobre "Quick Launch".

Nota Todos los programas que está usando todavía están abiertos y éstos tienen los íconos o "icons" en la barra de trabajo principal de Windows. Es importante guardar el trabajo que haya hecho hasta este momento. Así, cuando vuelva a utilizarlos, tendrá la certeza de que estarán en la misma página en la que estaba trabajando.

Para recordar

- Use la combinación de teclas ALT + TAB para cambiar de un programa que tenga abierto a otro.

- Cambiar el tipo y el tamaño de letra es una función muy útil si desea hacer títulos con letras más grandes o desea usar diferentes tipos de letra.

- Si comete un error mientras cambia el tipo y el tamaño de letra, use la combinación de teclas CTRL + Z para deshacerlo.

- Windows viene instalado con muchos tipos de letra diferentes, y si le añade Microsoft Office, éste le dará muchos más tipos de letra.

Office 2003 de Microsoft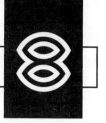

Introducción a Office 2003 de Microsoft

Office 2003 es la última versión de este grupo de programas de productividad, diseñados por la compañía Microsoft, y le ayudará a reducir el tiempo necesario para completar su trabajo.

Una de las ventajas más grandes de esta versión es la facilidad con la cual es posible intercambiar documentos con otras personas en su misma organización o fuera de ella.

Los programas principales incluídos en Office 2003 de Microsoft son:

- *Word:* el procesador de palabras de más uso en todo el mundo.
- *Excel:* una de las mejores hojas de cálculo.
- *PowerPoint:* un programa para las presentaciones de negocios o tareas escolares.
- *Access:* uno de los mejores bancos de datos.

En la siguiente gráfica se puede ver la presentación comercial de Office 2003 de Microsoft.

La edición de la gráfica de arriba es la versión standard de Office 2003 de Microsoft. Si tiene una versión anterior de Office y desea obtener la nueva versión de Office 2003, sólo tiene que conseguir una actualización, o *upgrade* de esta.

Las diferentes versiones de Office 2003

Office 2003 de Microsoft está a la venta en diferentes versiones: Standard, Small Business, Professional y Premium. En la siguiente tabla podrá ver los diferentes programas que vienen incluidos con cada versión de Office 2003.

El siguiente diagrama le puede ayudar a escoger la versión de Office 2003 que debe obtener, si es que ya no lo tiene.

Standard	**Small Business**	**Professional**	**Premium**
• Word	• Word	• Word	• Word
• Excel	• Excel	• Excel	• Excel
• Outlook	• Outlook	• Outlook	• Outlook
• PowerPoint	• Publisher	• Publisher	• Publisher
	• Herramientas para negocios pequeños	• Herramientas para negocios pequeños	• Herramientas para negocios pequeños
		• Access	• Access
		• PowerPoint	• PowerPoint
			• FrontPage
			• PhotoDraw

Como puede ver en la tabla anterior, la diferencia principal entre las diferentes versiones de Office 2003 está en que algunas vienen con Publisher, FrontPage y PhotoDraw.

N o t a

Si tiene Office 2000 y actualiza su versión a Office 2003, no tendrá que preocuparse por la compatibilidad de los documentos que crea con ésta, ya que los formatos de Office 2000 y Office 2003 son iguales (con la excepción de Access). Esto significa que es muy fácil compartir documentos con gente que todavía usa Office 2000, mientras se puede disfrutar de las nuevas características de Office 2003.

Por favor lea esto si tiene una versión anterior a la de Office 2003.

Si usa una versión anterior del grupo de programas de Microsoft Office, como por ejemplo Microsoft Office 2000, y está preocupado por saber si las instrucciones de este libro le ayudarán, debe saber que es posible que **casi** todos los temas de los que hablo en este libro (acerca de Microsoft Office) y que siguen a continuación le serán útiles.

Uno de los cambios más fáciles de notar con respecto a versiones anteriores de Microsoft Office es la de la ventana (de ayuda) que aparece a la derecha. Ésta se llama el panel de tareas o "Task Bar". En la siguiente página verá un poco más de información acerca del panel de tareas o "Task Bar".

Esta es la lista de los cuatro programas que componen la versión "Standard" de Microsoft Office 2003, y una explicación de sus mejoras con respecto a versiones anteriores:

- *Word:* el procesador de palabras de más uso en todo el mundo. Aunque ha cambiado un poco en Office 2003, la gran mayoría de sus funciones básicas siguen iguales, como por ejemplo la de cambiar el tamaño o el tipo de letra.

- *Excel:* la hoja de cálculo de más uso en el mundo. La mayoría de las funciones necesarias para usar este programa se realizan de la misma manera que en versiones anteriores.

- *Outlook 2003:* un programa para trabajar con correo electrónico, o cliente de correo electrónico, que viene incluido en todas las versiones de Office 2003. En Office 2003, la presentación para trabajar con las carpetas que contienen los mensajes de correo electrónico es un poco diferente a versiones anteriores de Outlook.

- *PowerPoint:* un programa para hacer todo tipo de presentaciones, desde tareas escolares a presentaciones de negocios. En Office 2003 el programa abre de manera diferente pero con este libro aprenderá a entender los diferentes cambios.

Para ayudarle trataré de indicar cuando una instrucción sólo aplica a una versión particular de este grupo de programas. Sin embargo, por lo general las indicaciones deberían serle útiles con casi todas las versiones de Microsoft Office que salieron después del año 2000.

En la siguiente gráfica puede ver la pantalla de entrada a Microsoft Excel 2003, el programa de hojas de cálculo de Office 2003. Si recuerda haber usado uno de los programas de Microsoft Office, como por ejemplo Excel 2000, notará que uno de los cambios más visibles es una franja azul a la derecha del área de trabajo.

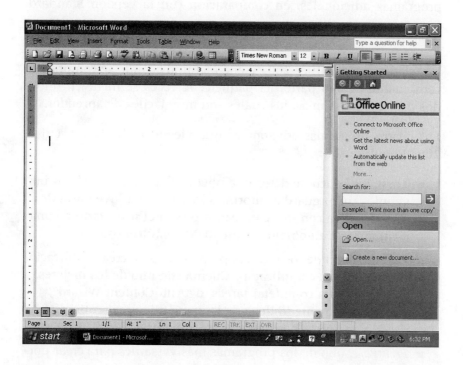

Esta franja azul de la derecha es el panel de tareas o "Task Panel", de Office 2003. Desde este puede realizar muchas tareas diferentes, como por ejemplo conectarse con el sitio Web de Microsoft o abrir los últimos documentos que guardó en el disco duro de su computadora.

Si le estorba en la pantalla, esta franja se puede cerrar al oprimir la siguiente combinación de teclas: CTRL + F1. Si desea ver este panel de tareas de nuevo, use la misma combinación.

Descripción de los componentes adicionales de las versiones Professional y Premium

Las versiones Professional y Premium de Office 2003 tienen cuatro programas adicionales, en comparación con la versión Standard. Los programas adicionales son Access, Publisher, FrontPage y PhotoDraw.

En muchos casos Office 2003 viene incluido cuando se compra una computadora como parte del paquete. A veces se incluyen uno o dos de estos programas, los cuales son muy fáciles de aprender.

Los cuatro programas adicionales que vienen incluidos en Office 2003 Premium son:

- *Access:* un banco de datos que puede ser usado para tareas tan simples como guardar información acerca del inventario de una zapatería con tres empleados o bien el inventario de una compañía de automóviles con 40.000 empleados.

- *Publisher:* uno de los mejores programas para crear publicaciones sencillas o complicadas. Cuenta con uno de los mejores asistentes para completar tareas, o "AutoContent Wizard", que prácticamente lo lleva de la mano mientras termina desde una tarjeta hasta un currículum vitae.

- *FrontPage:* uno de los programas más versátiles para crear portales cibernéticos a la venta. Para usarlo no es necesario tener ningún conocimiento de programación, y para publicar su trabajo sólo es necesario tener la información que le dio la compañía que publica su sitio Web.

- *PhotoDraw:* un programa para manipular las gráficas. Con este programa se puede trabajar con fotografías. Por ejemplo, se puede cambiar tanto los efectos de luz como el tamaño de la fotografía.

Ventajas de usar Office 2003 de Microsoft

Esta es sin duda alguna la mejor versión de este excelente grupo de aplicaciones para crear todo tipo de documentos, y se debe a todo el esfuerzo de la compañía Microsoft para sacar al mercado un producto que es verdaderamente revolucionario.

Las ventajas de usar Office 2003 son muchas. He aquí algunas de ellas:

- En Office 2003 cada documento que se abre aparecerá en una ventana diferente. Para cambiar de uno a otro sólo es necesario ir a la barra de tareas de abajo y hacer clic sobre el nombre del documento que desea usar.

- No existen problemas de compatibilidad con versiones anteriores. Esto era un verdadero problema en las versiones previas, especialmente entre la versión de Office 97 y las anteriores a ella.

- Es mucho más fácil trabajar en equipo al usar programas para reuniones (juntas) como NetMeeting. Un archivo puede guardar dentro de sí todos los cambios hechos por diferentes personas y guardar los nombres de las personas que realizaron estos cambios dentro del mismo archivo.

- Cada programa de Office 2003 tiene la capacidad de detectar problemas y arreglarlos. Esto es muy útil, ya que si un programa no está funcionando debidamente, al usar esta función de Office 2003 se puede reparar muy fácilmente.

- Ahora puede imprimir varias páginas de un documento en una sola hoja. Esto puede ser muy útil para ahorrar papel ya que si, por ejemplo, desea imprimir un documento de muchas páginas, puede imprimir cuatro de ellas en una sola hoja.

- Puede escribir en cualquier parte de un documento haciendo clic en la pantalla. De esta manera puede colocar el indicador del ratón sobre el punto de la página en la cual desea escribir, hacer clic, y después escribir directamente en este punto.

- Mejor integración con el Internet. Si hace clic sobre un enlace en un documento, éste abrirá una copia del navegador.

Cómo usar el asistente de Office 2003

El asistente de Office 2003 es una de las mejoras más notables en esta versión, y funciona mucho mejor que en las versiones anteriores. Usar el asistente de Office 2003 es muy fácil y sólo requiere hacer un clic sobre él.

La siguiente gráfica muestra la manera de pedirle a un programa de Office 2003 que el asistente de Office 2003 sea visible mientras esté trabajando.

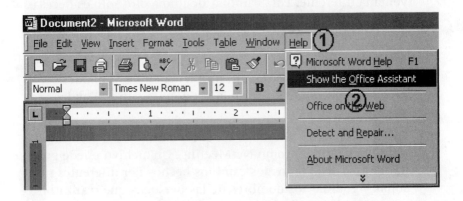

Así se puede ver el asistente de Office 2003:

1. Haga clic sobre "Help".
2. Jale el indicador hacia abajo, y haga clic sobre "Show the Office Assistant".

En la siguiente gráfica puede ver el asistente de Office 2003.

Cuando tenga una pregunta acerca de Office 2003, sólo haga clic sobre él, y Office 2003 abrirá una ventanita.

La siguiente gráfica muestra la manera de usar el asistente de Office 2003.

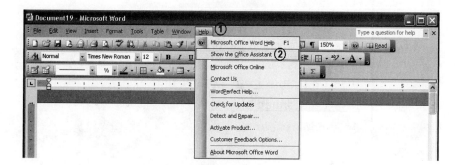

Así se usa el asistente de Office 2003:

1. Haga clic sobre este símbolo que se parece a un ganchito de papel (sujetapapeles).

2. Escriba el tema sobre el cual desea ver más información.

3. Haga clic sobre "Search" para que el asistente busque la información.

En la siguiente gráfica se puede ver la próxima ventana que abrirá cuando se solicita ayuda al asistente de Office 2003.

> **Insert a picture**
>
> Learn about graphics in Word.
>
> **What do you want to do?**
>
> Insert clip art or a picture from the Clip Gallery
>
> Insert a picture from another file
>
> Insert a scanned picture
>
> Additional resources

Ahora escoja el tema sobre el cual desea más información, haciendo clic sobre él.

Cómo añadir un idioma a su copia de Office 2003

Si tiene una versión avanzada de Office 2003, es posible añadir otro idioma al sistema. Antes de comenzar este proceso, cierre todos los programas con los cuales esté trabajando, para así no perder ninguno de sus cambios.

Primero abra el panel de trabajar con las opciones de añadir idiomas, de la siguiente manera:

1. Haga clic sobre el botón de comienzo o "Start" y después lleve el indicador sobre "All Programs". En Windows 98/Me o Windows 2000, dirá sólo "Programs".

2. Después llévelo sobre "Microsoft Office", y después sobre "Microsoft Office Tools". En versiones anteriores de Office, como Office 2000, vera "Microsoft Office Tools" en su propia carpeta.

3. Enseguida hale el indicador hacia la derecha hasta llegar a "Microsoft Office 2003 Language Settings".

La gráfica anterior representa el recuadro que permite añadir otros idiomas.

Esta es la manera de escoger trabajar con más idiomas en Office 2003:

1. Primero busque el idioma que desea usar en esta lista, en este caso "Spanish". En algunas versiones anteriores de Microsoft Office, es suficiente hacer clic sobre el idioma que desea usar para añadirlo.
2. Después haga clic sobre añadir o "Add".
3. Finalmente haga clic sobre "OK" y después haga clic sobre sí o "Yes" para aceptar los cambios.

Cómo trabajar con la opción de corregir en varios idiomas a la vez

Una vez que tenga otro idioma seleccionado, le será posible trabajar con un documento con palabras en varios idiomas, y Office 2003 le indicará si tiene errores en cada uno de los idiomas.

Así se habilita la función de trabajar con varios idiomas a la vez:

1. Haga clic sobre "Tools".
2. Hale el indicador hasta "Language" y después muévalo hacia la derecha y haga clic sobre "Set Language".

En la siguiente gráfica puede ver la opción de usar dos idiomas.

Para pedirle a Office 2003 que detecte errores en varios idiomas, haga clic sobre "Detect language automatically".

Cómo cambiar el idioma predeterminado o "Default language"

Una de las ventajas de esta versión de Office 2003 es la de poder escoger el idioma que desea usar para corregir la ortografía y la gramática. En esta versión encontrará 20 diccionarios diferentes de diferentes países hispanohablantes, y 13 de los diferentes países que hablan inglés.

La siguiente gráfica muestra la manera de cambiar el idioma de sistema.

Así se cambia el idioma de sistema en Office 2003:

1. Haga clic sobre "Tools".
2. Hale en indicador hasta "Language", después hacia la derecha, y finalmente haga clic sobre "Set Language".

En la siguiente gráfica puede ver los diferentes diccionarios disponibles de lengua española.

Spanish (Argentina)	Spanish (El Salvador)	Spanish (Peru)
Spanish (Bolivia)	Spanish (Guatemala)	Spanish (Puerto Rico)
Spanish (Chile)	Spanish (Honduras)	Spanish (Spain-Modern Sort)
Spanish (Colombia)	Spanish (Mexico)	Spanish (Spain-Traditional Sort)
Spanish (Costa Rica)	Spanish (Nicaragua)	Spanish (Uruguay)
Spanish (Dominican Republic)	Spanish (Panama)	Spanish (Venezuela)
Spanish (Ecuador)	Spanish (Paraguay)	

En el próximo recuadro podrá escoger uno de estos diccionarios como su idioma de sistema.

A continuación puede elegir el diccionario que desea usar como el del sistema; el mismo Office 2003 consultará para corregir la ortografía y gramática.

En la siguiente gráfica puede ver la manera de escojer el diccionario que desea usar.

Escoja el diccionario que desea usar de la siguiente manera:

1. Haga clic sobre el diccionario que desea usar.
2. Después haga clic sobre "Default".

La siguiente gráfica representa la próxima ventana que verá cuando elija "Default".

Haga clic sobre "Yes", y después haga clic sobre "OK" para cerrar el menú de cambiar estas opciones.

Cómo usar el corrector de ortografía o "Spellcheck"

Esta es una de las funciones más útiles de Office 2003, ya que le sugiere cómo corregir palabras que haya escrito con errores de ortografía o de gramática. Para que esta función trabaje bien, es necesario que haya elegido correctamente el idioma que desea usar.

Para ver el recuadro de usar el corrector de ortografía, oprima la tecla F7 o coloque el indicador sobre "Tools", y después haga clic sobre "Spelling and Grammar".

La siguiente gráfica muestra cómo usar el corrector de ortografía en Office 2003.

Esta es la manera de usar el corrector de ortografía y de gramática en Office 2003:

1. Si una palabra aparece subrayada, puede que tenga errores de ortografía, como por ejemplo la palabra "diaa" (en el ejemplo de arriba). Para buscar la palabra correcta abra el corrector de ortografía, oprimiendo la tecla F7, o llevando el indicador sobre "Tools" y después haciendo clic sobre "Spelling and Grammar".

2. Cuando la ventana de corregir se abra, hágale clic a la palabra correcta. En este caso "día", con acento en la "i".

3. Después haga clic sobre "Change" para reemplazar la palabra en su documento con la palabra correcta.

4. Finalmente otra ventana se abrirá preguntándole si desea corregir el resto del documento con el que está trabajando. Haga clic sobre "Yes" para seguir corrigiendo su documento. Si no desea corregir el resto del documento haga clic sobre "No".

Cómo saber si el idioma predeterminado no está bien seleccionado

Si está trabajando con un documento y cada letra aparece subrayada, puede deberse a que tiene el idioma predeterminado mal seleccionado. Para corregir este problema, regrese a las páginas anteriores y escoja el diccionario del idioma que desea usar.

En la siguiente gráfica se puede ver que casi todas las palabras están subrayadas.

```
Compañías de asesoría Galaxia

Estimados Señores:

La presente es para agradecerles por su pronta respuesta a mi orden del
10 de Febrero, por las 20 copias de Microsoft Windows ME que me
enviaron.

Hoy mismo estoy remitiéndoles el total de esta orden a su dirección en
Santa Clara.

Cordialmente
```

Si está escribiendo palabras que usted sabe que están escritas correctamente, pero aparecen subrayadas, como en el ejemplo anterior, es necesario que cambie el idioma del sistema.

En la siguiente gráfica se puede ver cómo esta carta cambió una vez que se escogió el idioma correcto:

Compañías de asesoría Galaxia

Estimados Señores:

La presente es para agradecerles por su pronta respuesta a mi orden del
10 de Febrero, por las 20 copias de Microsoft Windows ME que me
enviaron.

Hoy mismo estoy remitiendoles el total de esta orden a su dirección en
Santa Clara.

En la gráfica anterior se puede ver que después de cambiar al corrector de idioma correcto, sólo una palabra aparece subrayada.

Las barras de herramientas de Office 2003 o "Toolbars"

Una barra de herramientas es un conjunto de íconos o "icons". Cada uno de ellos le ayudará a realizar una función específica en el programa que está usando. Por ejemplo, si hace clic sobre el ícono que se asemeja a una impresora pequeña, el documento que tiene en la pantalla será enviado a la impresora.

Las barras de herramientas de más uso son:

- La barra de herramientas "Standard" le permite realizar funciones como guardar y abrir archivos.
- La barra de herramientas "Formatting" le permite realizar funciones como cambiar el tipo y el tamaño de letra.

La siguiente gráfica representa la barra de herramientas "Standard".

Haga clic sobre estos íconos en la barra de herramientas "Standard" de Office 2003 para:

Ⓐ Comenzar un nuevo documento.

Ⓑ Abrir un documento.

Ⓒ Guardar un documento que haya guardado previamente.

Ⓓ Imprimir el documento que está en la pantalla.

La siguiente gráfica representa la barra de herramientas de "Formatting".

Haga clic sobre estos íconos de "Formatting" de Office 2003 para:

Ⓐ Cambiar el tipo de letra.

Ⓑ Cambiar el tamaño de letra.

Ⓒ Trabajar con el tipo de letra en negritas, cursivas o subrayada.

Ⓓ Centrar y justificar el texto.

Ⓔ Crear listas numeradas y con viñetas.

Cómo ver o esconder las barras de herramientas o "Toolbars"

Para empezar, piense que está trabajando con un programa que no tiene barras de herramientas. Si fuera así, siempre tendría que usar los menús de funciones, y esto le tomaría un paso adicional.

La gráfica de abajo representa la pantalla de trabajo de Microsoft Word 2003.

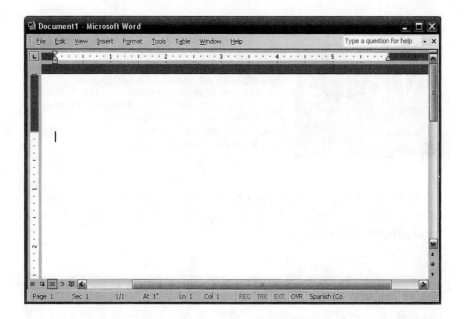

En este ejemplo puede ver que ninguna de las barras de herramientas disponibles en Word 2003 están habilitadas.

La siguiente gráfica ilustra los pasos para añadir la barra de herramientas "Standard" y la de "Formatting" a cualquier programa de Office 2003.

Siga estos pasos para ver las barras de herramientas "Standard" y la de "Formatting", en Word 2003 o ediciones anteriores a esta, si estas barras de herramientas no son visibles ahora:

1. Haga clic sobre "View", para ver este menú desplegable. Si este no abre completamente, mantenga el indicador sobre él.
2. Jale el indicador hacia abajo sobre "Toolbars", después jálelo hacia la derecha y haga clic sobre "Standard" y después sobre "Formatting".

Los pasos para añadir o quitar barras de herramientas o "Toolbars" en los programas de Office se realizan casi de la misma manera en todas las diferentes versiones del grupo de programas de Office. Por ejemplo, estas instrucciones le serán útiles para añadir o quitar barras de herramientas o "Toolbars" en casi cualquier versión de Office, sea que tenga una versión de Office 97, Office 2000 u Office 2003.

En la siguiente gráfica se puede ver que las dos barras de herramientas que habilitó, la de "Standard" y la de "Formatting" ahora están disponibles.

El proceso de esconder las barras de herramientas funciona casi de la misma manera que cuando se añaden:

1. Haga clic sobre "View".
2. Hale el indicador hacia abajo sobre "Toolbars". Después hálelo hacia la derecha y haga clic sobre la barra de herramientas que no quiere ver.

Con esta información le será posible ver y esconder las barras de herramientas cuantas veces le sea necesario. A estas barras de herramientas también se les pueden añadir funciones diferentes. Por ejemplo, en la barra de herramientas "Standard" es posible añadir un ícono que le permite cambiar el interlineado del texto en una página.

Cómo usar la orientación de página horizontal

Cambie la orientación de página de un documento (como por ejemplo, una circular) a la orientación de página horizontal usando las opciones de página o "Page Setup".

Así se abre el menú para cambiar las opciones de página:

1. Haga clic sobre "File".
2. Hale el indicador hacia abajo, y haga clic sobre "Page Setup".

La siguiente gráfica representa las opciones de página en Word 2003.

Page Setup	? X

Margins | Paper | Layout

Margins

Top:	1.25"	Bottom:	1.25"
Left:	1"	Right:	1"
Gutter:	0"	Gutter position:	Left

Orientation

Portrait   Landscape ←

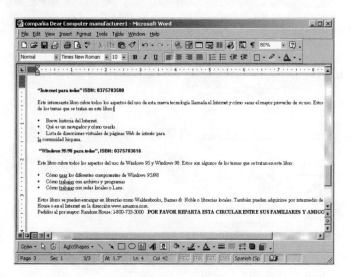

Esta es la manera de cambiar la orientación de página de un documento a la orientación horizontal o "Landscape", en Word 2003:

1. Haga clic sobre "Landscape". En algunas versiones anteriores de Office haga clic sobre "Paper Size", y después elija "Landscape".

2. Finalmente haga clic sobre confirmar o "OK". Para volver a usar la orientación vertical o "Portrait", siga los mismos pasos y elija "Portrait".

En la siguiente gráfica puede ver una página en una orientación horizontal, o "Landscape".

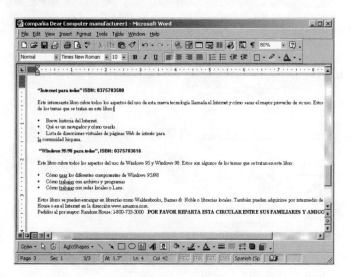

Crear un documento con la opción de página horizontal es muy útil para escribir circulares que anuncian productos, y también para pequeñas presentaciones de negocios en las que usan letras grandes que resaltan una idea. Recuerde que cuando imprime un documento con orientación horizontal, las letras aparecerán a lo largo de la página.

Cómo añadir o quitar componentes a Office 2003

Para añadir o quitar programas, como Word, a una instalación de Office 2003 (o una versión anterior), coloque el disco original de Office en su unidad de CD-ROM. Una vez que el sistema operativo cargue el CD, otra ventana se abrirá preguntándole qué desea hacer.

Para comenzar a añadir o quitar uno de los programas de Office, haga clic sobre "Add or Remove Features", y después haga clic sobre "Next".

La siguiente gráfica ilustra cómo añadir un componente a Office 2003.

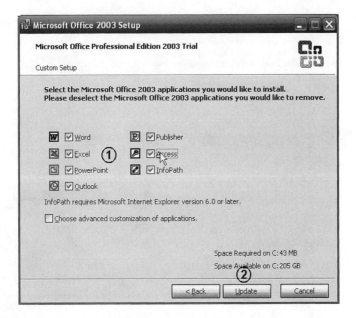

En esta ventana elija los programas que quiera añadir o quitar de la siguiente manera:

1. Esta es la lista de programas disponibles en esta versión de Office 2003. Si un programa no tiene una marquita de selección, lo puede seleccionar (haciendo clic sobre el nombre del programa) para añadirlo a su computadora. De la misma manera, si el programa está instalado y lo quiere quitar de su computadora, hágale clic al nombre del programa para quitar la marquita.

2. Finalmente haga clic sobre actualizar o "Update" para terminar de hacer estos cambios.

Cómo añadir un programa en versiones anteriores de Office

Si la versión de Office que tiene es anterior a Office 2003, la próxima ventana que verá después de hacer clic sobre "Add or Remove Features" será diferente.

En este ejemplo, puede ver cómo instalar Access, uno de los bancos de datos más versátiles de venta hoy en día, si éste aún no está instalado en su computadora.

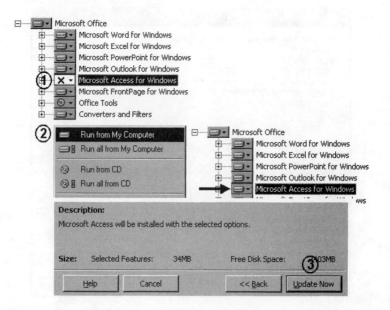

1. Haga clic sobre "Microsoft Access for Windows".

2. Hale el indicador hacia abajo y haga clic sobre "Run from My Computer".

3. Para instalar el programa, haga clic sobre "Update Now".

Cómo quitar un programa en versiones anteriores de Office

Si tiene una versión de Office anterior a Office 2003 y desea quitar un programa que no necesita, es necesario que tenga el disco original de Office. Para comenzar este proceso busque el disco original y póngalo en su unidad de CD-ROM.

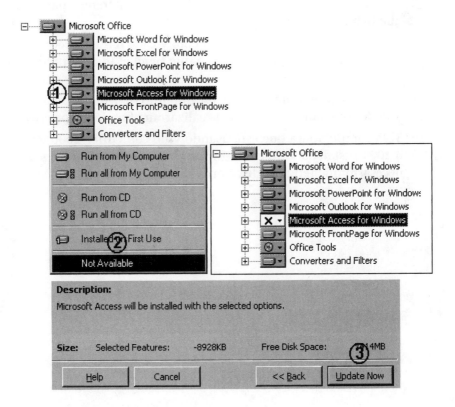

Por ejemplo, si desea quitar Access de su computadora, lo debe hacer de la siguiente manera:

1. Haga clic sobre "Microsoft Access for Windows".
2. Jale el indicador hacia abajo, y haga clic sobre "Not Available".
3. Para suprimir el programa, haga clic sobre "Update Now".

Para recordar:

- Si tiene una versión anterior de Microsoft Office (como Office 2000), y desea usar la versión de Office 2003, sólo tiene que conseguir una actualización o *upgrade*.

- En Office 2000/XP y 2003 cada documento que abra aparecerá en una ventana diferente.

- En Office 2000/XP y 2003 encontrará diccionarios de 20 diferentes países hispanohabalntes y 13 de los diferentes países que hablan inglés.

- Si está trabajando con un documento y cada letra aparece subrayada, esto se puede deber a que tiene el idioma predeterminado mal seleccionado.

- Una barra de herramientas es un conjunto de íconos, cada uno de los cuales le ayudará a realizar una función específica.

- Si la computadora que está usando vino con Office 2000/XP o 2003 instalada y desea añadir un programa adicional, es necesario que tenga el disco original de Office.

El procesador de palabras Word 2003 de Microsoft

Introducción a Word 2003 de Microsoft

Word 2003 es uno de los procesadores de palabras más usados en el mundo. Este programa le permite crear desde una página a un libro completo. Esta última versión es mucho más sofisticada que todas las versiones anteriores y está más integrada a los otros programas que forman parte de Office 2003 de Microsoft.

La siguiente gráfica muestra el área de trabajo de Word 2003.

Si ha trabajado con Word en el pasado notará que el área de trabajo de este programa no ha cambiado mucho. Tampoco ha cambiado mucho en PowerPoint 2003.

Mejoras en la versión de Word 2003

Word 2003 ha mejorado mucho en comparación a las versiones anteriores, aunque a primera vista funciona de manera muy similar. Estas mejoras a veces son obvias y otras veces es necesario cometer un error o tener la necesidad de usar una función avanzada para darse cuenta de ellas.

Word 2003 es una de las mejores versiones de este excelente procesador de palabras. Si tiene una versión anterior de Word, puede obtener la versión de Word 2003 mediante un dispositivo de actualización a este programa.

Algunas de las mejoras más notables en esta nueva versión de Word son:

- *El corrector de ortografía y de gramática:* en algunas versiones de Word 2003 es posible que el programa le ayude a corregir la ortografía y la gramática en varios idiomas dentro del mismo documento.

- *La función de hacer "clic y escriba" o "Click and Type":* ahora es posible ir a cualquier parte de la página y hacer clic dos veces y comenzar a escribir sin necesidad de usar el tabulador.

- *Ventanas separadas para cada copia de Word:* cuando abre otro documento, se abre en una ventana diferente.

- *Mejor compatibilidad con versiones anteriores de Word:* si colabora con personas que usan versiones anteriores a Word 2003, puede guardar su trabajo en esas versiones.

- *Mejor soporte para imprimir documentos:* en Word 2003 es posible imprimir hasta 16 páginas de un documento en una sola hoja. Esta función es muy útil para ahorrar papel.

- *Mejor colaboración entre usuarios de correo electrónico:* la barra de herramientas "Standard" tiene el ícono para enviar correo electrónico incluída en ella. Si hace clic sobre este ícono, podrá enviar el documento que tiene en la pantalla a la dirección de correo electrónico que desee.

Cómo guardar un documento en una versión anterior de Word

Cuando trabaja en un programa tan avanzado como Word 2003 y colabora con otras personas, deberá averiguar qué versión de Word usan.

La versión de Word 2003 es bastante compatible con versiones anteriores de Word, como por ejemplo Word 2000. Si las personas con las cuales colabora usan una versión menos avanzada, como por ejemplo Word 97, es recomendable que usted guarde los documentos que les envía en la versión de Word que éstos usan.

Estos son los pasos para guardar un documento en una versión anterior de Word, como por ejemplo Word 6.0:

1. En la ventana de guardar, que se abre después de hacer clic sobre "Save", haga clic sobre esta guía.

2. En esta lista escoja el formato que crea es más compatible con el programa que tiene la persona a quien desea enviar este archivo. Por ejemplo, escoja Word 6.0/95 si su amigo/a tiene esta versión de Word.

Cómo usar la función "clic y escriba"

Esta función le permite hacer clic en cualquier parte del área de trabajo de Word y comenzar a escribir. Esto es muy útil para trabajar en circulares o proyectos con gráficas sin tener que usar la tecla del tabulador.

En la siguiente gráfica se puede ver ejemplos de los íconos que verá cuando coloque el cursor sobre el área de trabajo.

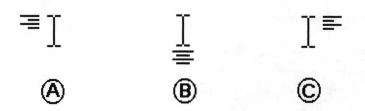

He aquí el resultado de hacer clic dos veces sobre un área de traba-jo si comienza a escribir y el cursor se parece a uno de estos íconos:

Ⓐ El texto que escriba será alineado a la derecha.

Ⓑ El texto que escriba será centrado.

Ⓒ El texto que escriba será alineado a la izquierda.

Por ejemplo, si desea crear un título con el texto centrado, hágalo de la siguiente manera:

1. Coloque el cursor sobre el centro de la página y haga clic.
2. Observe el cursor, compárelo al de la gráfica anterior (**B**), y si se parece, haga clic dos veces.
3. Comience a escribir.

Computadoras para todos

En este ejemplo se puede notar como el título, *Computadoras para todos,* quedó centrado sin necesidad de usar el tabulador.

Cómo cambiar el espacio entre líneas o interlineado

El espacio entre líneas o interlineado determina la cantidad de espacio en sentido vertical entre las líneas de texto. Cuando se abre un documento nuevo, Word usa el interlineado sencillo de forma predeterminada. El interlineado que seleccione afectará todo el texto del párrafo seleccionado o del texto que escriba después del punto de inserción.

La siguiente gráfica le ayudará a entender cómo cambiar el interli-neado.

Una vez que el texto que desea cambiar de interlineado haya sido seleccionado, puede hacerlo de la siguiente manera:

1. Haga clic sobre "Format".
2. Hale el indicador hacia abajo y haga clic sobre "Paragraph".
3. Haga clic sobre el espacio en blanco debajo de "Line Spacing" y seleccione el interlineado que desea usar.

Cómo usar las listas de números

Esta es una función que le permite hacer listas de manera automática, ya que Word 2003 le asignará un número a cada una de las líneas que escriba. De esta manera puede hacer listas de cosas que tiene que hacer, escribiendo las que tienen más urgencia al principio.

En Word hay dos maneras de usar esta función:

1. Haciendo clic sobre el ícono de numerar y después escribiendo cada línea de la lista.

2. Escribir una lista, seleccionarla y después hacer clic sobre el ícono de numerar.

En la siguiente gráfica se puede ver cómo numerar una lista después de seleccionarla.

Si desea numerar una lista, lo puede hacer de la siguiente manera:

1. Seleccione la lista que desea numerar.

2. Haga clic sobre el ícono de numerar.

3. Haga clic con el ratón sobre cualquier espacio en blanco. Para terminar, haga clic sobre el ícono de numerar.

Cómo usar las viñetas

Esta es una función muy útil para destacar puntos importantes en un documento de manera automática. Si desea usar viñetas con Word 2003, destacará todas las líneas que seleccione. De esta manera puede hacer listas de puntos para resaltar sus ideas.

En Word hay dos maneras de usar esta función:

1. Haga clic sobre el símbolo de viñetas, y después escriba cada línea.

2. Escriba una línea, selecciónela, y después haga clic sobre el símbolo de las viñetas.

La siguiente gráfica muestra cómo usar las viñetas para hacer una lista después de haberla seleccionado.

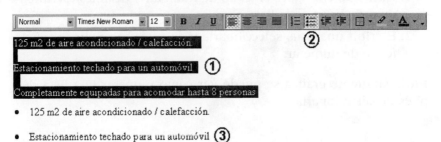

Si desea usar las viñetas para destacar una lista de puntos, hágalo de la siguiente manera.

1. Seleccione los puntos que desea destacar.
2. Haga clic sobre el símbolo de viñetas.
3. Para terminar, haga clic con el ratón sobre cualquier espacio en blanco. Después, haga clic sobre el símbolo de las viñetas.

Cómo encontrar y reemplazar palabras

La función de encontrar y reemplazar palabras es muy útil si está trabajando con un documento o si desea cambiar una palabra y no sabe exactamente en qué página se encuentra. Con esta función se puede reemplazar sólo una palabra que busca o, si tiene muchas de estas palabras en un documento, puede reemplazarlas todas al mismo tiempo.

La siguiente gráfica muestra la manera de usar la función de encontrar y reemplazar palabras.

LOS MENSAJES CRUZAN EL MAR.
Los hombre primitivos superaron el escollo de ríos y quebradas con balsas y canoas de maderas livianas; más tarde los correos empezaron a cruzar los océanos en barcos de vela, como las famosas caravelas que emplearon los primeros conquistadores y colonizadores para llegar a América en el año de 1492. En caravela llegaron a Europa

LOS MENSAJES CRUZAN EL MAR.
Los hombre primitivos superaron el escollo de ríos y quebradas con barcazas y canoas de maderas livianas; más tarde los correos empezaron a cruzar los océanos en barcos de vela, como las famosas caravelas que emplearon los primeros conquistadores y colonizadores para llegar a América en el año de 1492. En caravela llegaron a Europa

Use la combinación de teclas CTRL + H y después siga estos pasos en la gráfica anterior para hallar y reemplazar una palabra:

1. En esta línea, "Find what:", escriba la palabra que desea buscar en la casilla.

2. En esta línea, "Replace with:" escriba en la casilla la palabra con la cual desea reemplazar la palabra de arriba.

3. Haga clic sobre "Find Next" para buscar la primera vez que esta palabra aparece en este documento.

4. Haga clic sobre "Replace" para reemplazarla. Si desea reemplazar todas las instancias de esta palabra en un documento, haga clic sobre "Replace All".

Cómo trabajar con la alineación de texto

Esta es la función que le permite cambiar en la pantalla la posición del texto que usted elija, como por ejemplo, centrándolo. La alineación de sistema es siempre alineada a la izquierda. De esta manera, cuando termina un renglón y comienza otro, las palabras se alinean en el lado izquierdo.

En Word hay dos maneras de usar esta función:

1. Haga clic sobre el ícono de alinear texto que desea usar y después escriba una línea.

2. Escriba una línea, selecciónala y después haga clic sobre el ícono de alinear.

La siguiente gráfica muestra la manera de alinear texto que tenga seleccionado.

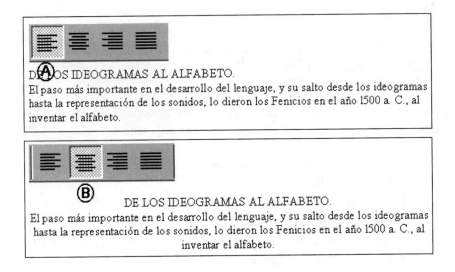

De los ideogramas al alfabeto.
El paso más importante en el desarrollo del lenguaje, y su salto desde los ideogramas hasta la representación de los sonidos, lo dieron los Fenicios en el año 1500 a. C., al inventar el alfabeto.

DE LOS IDEOGRAMAS AL ALFABETO.
El paso más importante en el desarrollo del lenguaje, y su salto desde los ideogramas hasta la representación de los sonidos, lo dieron los Fenicios en el año 1500 a. C., al inventar el alfabeto.

En la gráfica anterior se puede ver cómo alinear un párrafo de texto:

 Este párrafo está alineado a la izquierda. Este es el tipo de alineación que Word usa cuando comienza un documento nuevo.

Ⓑ Si desea centrar este párrafo, selecciónelo, y después haga clic sobre este ícono.

Cómo trabajar con la pantalla completa

Esta función le permite trabajar sin tener que ver las barras de herramientas. Así sólo verá el área de trabajo del documento con el que está trabajando. Si necesita hacer cambios de letra u otro tipo de formato, regrese a la pantalla regular.

En la siguiente gráfica se puede ver un documento que ocupa toda la pantalla.

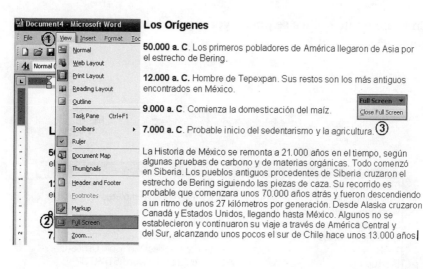

Esta es la manera de hacer que un documento tome toda la pantalla para que le sea más fácil leerlo:

1. Primero haga clic sobre "View".

2. Después hale el indicador hacia abajo y haga clic sobre "Full Screen".

3. Cuando desee regresar a la presentación regular con las barras de herramientas", haga clic sobre "Close Full Screen" u oprima la tecla "Escape" o "Esc".

Cómo cambiar la carpeta de trabajo

La carpeta de trabajo es la que siempre aparece cuando está usando Word 2003 y elige abrir o guardar un documento (al lado de "Save in"). La carpeta de sistema de Word 2003 es la de "My Documents". Si desea puede elegir guardar su trabajo a una carpeta diferente.

Si desea asignar una carpeta diferente como la carpeta de sistema, abra el panel de configuración de las opciones de Word 2003 de esta manera:

1. Haga clic sobre "Tools".

2. Hale el indicador hacia abajo y haga clic sobre "Options".

En la siguiente gráfica se puede ver el panel de configuración de las opciones de Word 2003.

Si desea asignar una carpeta diferente como carpeta de sistema, abra el panel de configuración de las opciones de Word 2003 de esta manera:

1. En este recuadro haga clic sobre "File Locations".

2. Haga clic sobre "Documents".

3. Si la opción de "Documents" indica que está en "My Documents" y desea cambiarla a otra, haga clic sobre "Modify".

Siguiendo estos pasos, puede elegir guardar su trabajo en una carpeta diferente a la que había elegido previamente o a la que fue designada por el programa (que en la mayoría de los casos es "My Documents").

La siguiente gráfica muestra el proceso de cambiar la carpeta de trabajo.

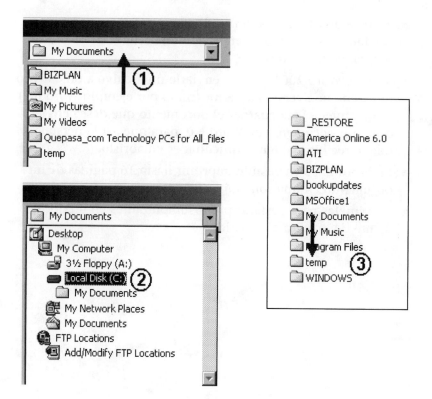

Esta es la manera de cambiar la carpeta de trabajo en Word 2003 después de hacer clic sobre "Modify" en el panel de configuración:

1. Haga clic sobre esta barrita para ver el resto de los recursos en el disco duro.

2. Haga clic dos veces sobre el disco duro para ver todos los directorios.

3. Por ejemplo, si desea usar el directorio "Temp", haga clic dos veces sobre él. Para terminar, haga clic sobre "OK", y después cierre el panel de configuración.

Para recordar

- Word 2003 es uno de los procesadores de palabras de más uso en todo el mundo y le permite crear desde una página hasta un libro completo.

- Si tiene una versión anterior de Word, puede conseguir la versión de Word 2003 comprando una actualización a este programa de Microsoft.

- Si tiene Word 2003 y desea enviarle un archivo a un usuario que tiene una versión anterior (como por ejemplo Word 6.0), es una buena idea guardar el documento que desea enviar como un documento de Word 6.0, para que así la persona que lo recibirá no tenga dificultades en abrirlo.

- En Word 2003 es posible imprimir hasta 16 páginas de un documento en una sola hoja.

- Use viñetas para destacar puntos importantes en un documento de manera automática.

La hoja de cálculo
Excel 2003 de Microsoft

10

Introducción a Excel 2003 de Microsoft

Excel 2003 es la hoja de cálculo electrónica o "spreadsheet" incluida en Office 2003 de Microsoft. Este tipo de programa es sumamente útil y le puede asistir en sumar o restar cantidades de una manera casi instantánea.

Además, le ofrece muchas herramientas para analizar los resultados de estas operaciones. De esta manera, puede crear informes que demuestren qué hay detrás de todos los números que salieron en una hoja de cálculo.

La siguiente gráfica muestra el área de trabajo de Excel 2003.

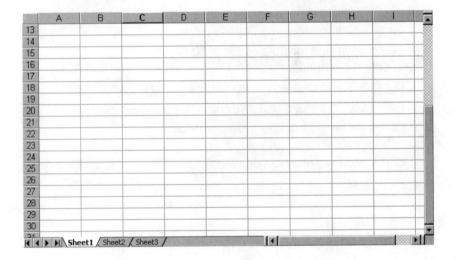

Como puede ver, la hoja de trabajo o "worksheet" de Excel 2003 consiste en una serie de casillas separadas por filas y columnas. Las filas empiezan con el número "1" y las columnas están representadas por letras, empezando con la letra "A".

Descripción de las casillas individuales

Una casilla es el espacio virtual que contiene información, como por ejemplo, texto, números e incluso modelos gráficos. Estas casillas también pueden contener las fórmulas que le permiten hacer cálculos basados en los valores de otras casillas o de otras fórmulas.

En la siguiente gráfica se puede ver claramente cómo el nombre de cada casilla se conoce por la fila y la columna en las cuales está situada.

El valor de esta casilla está relacionado con la posición en la cual se encuentra en el área de trabajo:

Ⓐ Es la casilla individual y representa la posición de entrada en la hoja de cálculo.

Ⓑ Es la columna C en la cual está situada esta casilla.

Ⓒ Es la línea 6 en la cual está situada esta casilla. En este caso se puede decir que esta casilla se llama C6.

Cómo navegar en una hoja de cálculo

En una hoja de cálculo se pueden usar el ratón, el teclado y, en particular, las flechas que están al lado de la planilla de números. En una hoja de cálculo es preferible usar las flechas del teclado para cambiar de una casilla a otra, ya que así no se puede borrar ninguna información en las casillas.

En la siguiente gráfica se puede ver las flechas del teclado y la manera de usarlas para trabajar en Excel 2003.

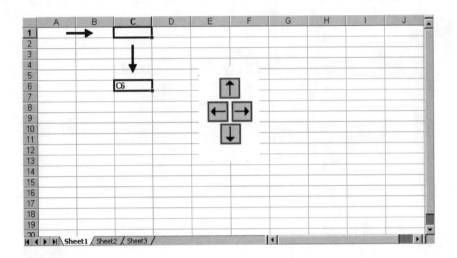

En ésta gráfica se puede ver cómo el punto de entrada a esta hoja de cálculo es la casilla **A1**. Por ejemplo, si desea ir a la casilla **C6**, use la flecha de la derecha hasta llegar a la columna de la **C**, y después use la flecha que apunta hacia abajo hasta llegar a la línea **6**.

Cómo abrir y guardar una hoja de cálculo electrónico o "spreadsheet"

Una de las grandes ventajas de este programa es la de poder, de una manera muy rápida, sumar y restar números en casillas que se encuentren incluidos en una fórmula.

Para seguir este ejemplo abra Microsoft Excel de la siguiente manera:

1. Lleve el indicador sobre el botón de "Start" y haga clic sobre éste.

2. Ahora jálelo hacia arriba y haga clic sobre "All Programs" (en versiones anteriores de Windows, como Windows 98, busque "Programs"). Después busque el grupo de programas de "Microsoft Office".

3. Finalmente, haga clic sobre el ícono de "Excel".

La gráfica de abajo representa la ventana inicial de Excel.

Cuando abra Excel 2003, éste automáticamente escoge un nombre, "Book 1", para su archivo. Por lo tanto, cuando esté comenzando a crear un archivo, es importante cambiarle el nombre lo más pronto posible usando la función "Save As".

Lo primero que haremos es cambiarle el nombre a este archivo de "Book 1" a uno de su preferencia. Use la combinación de teclas CTRL + S. El recuadro de guardar archivos se abrirá.

![Save As dialog box. Save in: My Documents (A). File name: Cuenta de gastos de la casa (B). Save as type: Microsoft Office Excel Workbook. Save button (C), Cancel button.]

Esta es la manera de trabajar (usando la gráfica anterior) con la ventana de guardar archivos en Excel 2003, que se hace casi de la misma manera en versiones anteriores (como por ejemplo Excel 2000):

A Escoja la carpeta en donde desea guardar este archivo; en este ejemplo es la de "My Documents".

B En esta casilla escriba el nombre que desea usar para el archivo; para este ejemplo use "Cuenta de gastos de la casa".

C Finalmente haga clic sobre "Save" para guardar este archivo usando el nombre que escogió.

Nota El ejemplo que sigue a continuación le ayudará a aprender cómo crear una hoja de cálculo llamada "Cuenta de gastos semestrales". Ésta funciona con todas las versiones de Excel que tenga, inclusive si el programa tiene los menús en español. Si desea, cambie los nombres de los gastos que son sugeridos en el libro por nombres de gastos que representen más sus necesidades.

Cómo añadir texto a una hoja de cálculo

En una hoja de cálculo el proceso de añadir texto tiene más que todo un fin informativo: ayudar al usuario a recordar a qué corresponden los valores en una hoja de cálculo. En Excel 2003 funcionan casi de la misma manera todas las funciones para trabajar con texto que repasé en el capítulo siete, como la forma de cambiar el tipo y el tamaño de letra.

La siguiente gráfica muestra la manera de añadir un título a una hoja de cálculo.

Así se añade texto a una hoja de cálculo:

1. Coloque el indicador sobre la casilla donde desea añadir texto.
2. A continuación, escriba el título que desea usar para esta hoja de cálculo. Cuando termine, pulse la tecla "Enter".
   Finalmente, puede ver cómo el título que escribió aparecerá a lo largo de diferentes casillas, empezando en la casilla **C3**.

Enseguida añada nombres a cada una de las columnas individuales para entender de qué se tratan los totales que puede obtener al final de cada columna.

En la siguiente gráfica puede ver el proceso de nombrar cada columna.

	A	B	C	D	E	F	G
1							
2							
3		①	Cuenta de gastos semestrales				
4							
5		Enero					
6							
7		②					
8							
9		Enero	Febrero	Marzo	Abril	Mayo	Junio
10							

Añada nombres a las columnas de la siguiente manera:

1. Coloque el indicador a la casilla **B5,** haga clic sobre ella y escriba "Enero" para añadir el primer nombre.
2. Después oprima la tecla TAB una vez y escriba "Febrero". Repita este proceso hasta que termine de escribir los meses hasta Junio, oprimiendo la tecla TAB cuando termine de escribir cada mes.

Nota

Si comete un error y escribe un nombre en donde no corresponde, lo puede arreglar llevando el indicador sobre la casilla en donde quiera cambiar el título. Sólo pulse la tecla para añadir espacios y escriba el valor que corresponda a esta casilla. Si desea, también puede usar la combinación de teclas CTRL + Z para deshacer un error.

Después nombre las líneas individuales. Los nombres pueden ser cualquier número de gastos que tenga cada mes, como por ejemplo, Comida, Hipoteca, Gasolina, Colegio, Crédito y Vacaciones.

En la siguiente gráfica se puede ver cómo una hoja de cálculo comienza a verse más organizada.

	A	B	C	D	E	F	G
1							
2							
3			Cuenta de gastos semestrales				
4							
5	①	Enero	Febrero	Marzo	Abril	Mayo	Junio
6							
7	Comida						
8							
9	②						
7	Comida						
8	Hipoteca						
9	Pagos						
10	Auto						
11	Gasolina						
12	Colegio						
13	Crédito						

Para añadir nombres a las líneas individuales, hágalo de la siguiente manera:

1. Coloque el indicador en la casilla **A7** y haga clic sobre ella. Después escriba "Comida" para añadir el primer gasto.

2. A continuación, oprima la flecha (en su teclado) que indica hacia abajo una vez, y luego escriba "Hipoteca". Repita este proceso hasta que termine de escribir el nombre de los gastos que puede tener cada mes.

! Borrar el contenido de una casilla que no está protegida es muy fácil y se hace al colocar el indicador sobre la casilla y oprimir cualquier tecla. Por este motivo tenga cuidado en no reposar la mano en el teclado mientras esté usando la hoja de cálculo, a menos que la casilla esté protegida.

Cómo crear una fórmula en Excel 2003 para sumar cantidades

Ahora haga una fórmula sencilla con el propósito de sumar la primera columna de mes. Después le será posible copiar y pegar esta fórmula a las otras columnas con una combinación de teclas.

Ahora se puede ver en la siguiente gráfica cómo se empieza a hacer una fórmula en una hoja de cálculo.

Primero haga clic sobre la casilla **A15** y escriba "Total". Ahora puede hacer una fórmula de la siguiente manera:

1. Coloque el indicador en la casilla **B15** si desea ver el total de esta columna en esta casilla, y haga clic sobre ella.
2. Después coloque el indicador sobre el ícono "Σ" indicado por la flecha, y haga clic una vez.

Cómo añadirle casillas a una fórmula

Ahora es necesario indicarle a la fórmula qué casillas debe tener en cuenta en esta suma. De esta manera la fórmula sabe qué casillas debe sumar para dar un total.

En la siguiente gráfica puede ver en la casilla **B15** el símbolo de sumar **=SUM( )**.

Finalmente, indíquele a esta fórmula qué casillas desea sumar de la siguiente manera:

1. Coloque el indicador en la casilla **B7** y haga clic sobre ella.
2. Hale el indicador **mientras** sostiene el botón izquierdo del ratón sobre todas las casillas que desee añadir a la fórmula (en este ejemplo sume de **B7** a **B13**). Finalmente, oprima la tecla "Enter" para terminar la fórmula.

Cómo copiar y pegar una fórmula

Ahora es posible copiar esta misma fórmula que recoge todos los valores de las columnas de **B7** a **B13**, y pegarla a todas las demás columnas en esta hoja de cálculo desde Enero hasta Junio.

En la siguiente gráfica se puede ver el proceso de copiar una fórmula.

Siga estos pasos para copiar —y después pegar— la fórmula que se hizo en la página anterior al resto de las columnas:

1. Coloque el indicador sobre la casilla **B15** y haga clic una vez. Después use la combinación de teclas CTRL + C para copiarla.

2. Coloque el indicador en la casilla **C15** usando la flecha en el teclado, y luego use la combinación de teclas CTRL + V para pegar la fórmula, y así sucesivamente, usando la combinación de teclas CTRL + V en cada casilla hasta llegar a **G15** (o al final de las columnas que desea sumar).

Cómo sumar los totales de cada fórmula a un solo total

Ahora es posible añadir todos los totales de cada mes usando otra fórmula en una sola casilla para obtener el total del semestre.

La siguiente gráfica muestra cómo terminar esta hoja de cálculo.

	A	B	C	D	E	F	G	H	I	J
4										
5		Enero	Febrero	Marzo	Abril	Mayo	Junio			
6										
7	Comida									
8	Hipoteca									
9	Pagos									
10	Auto									
11	Gasolina									
12	Colegio									
13	Crédito									
14										
15	Total	0	0	0	0	0	0			
16										
17										
18										
19				Total para el semestre						
20										

Sheet1 / Sheet2 / Sheet3 /

Para añadir un título al total definitivo, coloque el indicador a la casilla **D19**, haga clic sobre ella y escriba "Total para el semestre". Después pulse la tecla "Enter".

Los pasos para hacer una fórmula para sumar totales se realizan de la misma manera que los pasos para hacer una fórmula sencilla. Primero escoja dónde desea ver el total, y después seleccione los totales que desea sumar.

La siguiente gráfica muestra la manera de hacer una fórmula sencilla para sumar totales.

Ahora puede sumar los totales de cada mes de la siguiente manera:

1. Coloque el indicador en la casilla **G19** si ésta es la casilla donde desea ver el total del semestre, y haga clic sobre ella.
2. Coloque el indicador sobre el ícono "Σ" indicado por la flecha y haga clic una vez.

Para conseguir el total del semestre, escoja las casillas cuyos totales desea sumar. Esto se hace de la misma manera que hemos visto anteriormente: barriendo el indicador del ratón (mientras sostiene el botón del ratón izquierdo) encima de las casillas cuyos totales desea sumar.

La siguiente gráfica muestra el proceso de sumar totales.

Esta es la manera de hacer una formula que le dé el total de todas la columnas.

1. Haga clic sobre la primera casilla que desea sumar, en este caso **G15**.
2. Ahora hale el indicador del ratón, mientras sostiene el botón izquierdo, hasta llegar a la casilla **B15**. Para terminar, retire la mano del ratón, pulse la tecla "Enter", y use la combinación de teclas CTRL + S para guardar los cambios.

Cómo proteger una hoja de cálculo

Ahora necesita proteger la hoja de cálculo. De otra manera, cada una de estas fórmulas pueden ser borradas con sólo llevar el indicador sobre ellas y oprimir la tecla de crear espacios.

Siguiendo la gráfica de abajo aprenderá a proteger una hoja de cálculo desde el menú de funciones de Excel.

Siga estos pasos para proteger una hoja de cálculo en Excel 2003 o en una versión anterior de este programa:

1. Haga clic sobre "Tools".
2. Después hale el indicador hacia abajo hasta llegar a "Protection", después hálelo hacia la derecha y enseguida haga clic sobre "Protect Sheet".
3. En esta casilla haga clic sobre estas dos opciones. Después confirme su selección oprimiendo la tecla "Enter". Si tiene una versión de Excel anterior a la 2003, verá sólo tres opciones; haga clic sobre estas y después oprima la tecla "Enter".

Para recordar:

- Una casilla es el espacio virtual que recibe la información con la cual quiere trabajar en Excel, como por ejemplo texto, números e incluso modelos gráficos.

- Use las flechas que estan al lado de la planilla de números para cambiar de una casilla a otra.

- Excel es muy útil para crear formulas sencillas o bien complicadas que le pueden ayudar a mantener la contabilidad en su casa o en su negocio.

- Borrar el contenido de una casilla que no está protegida es muy fácil y se consigue llevando el indicador sobre esta y oprimiendo cualquier tecla.

- Use la combinación de teclas CTRL + Z para deshacer un error a la vez.

- Es buena idea proteger las hojas de cálculo con información importante. De lo contrario, las fórmulas en ésta pueden ser borradas muy fácilmente.

El programa de crear presentaciones PowerPoint 2003 de Microsoft

11

Introducción a PowerPoint 2003 de Microsoft

PowerPoint es el programa para crear presentaciones incluido en Office 2003 de Microsoft. Le permite crear presentaciones para negocios o para las tareas escolares. De todos los programas de Office 2003 PowerPoint 2003 es el programa que más ha cambiado desde las versiones anteriores, como por ejemplo la versión PowerPoint 97.

La siguiente gráfica muestra el área de trabajo de PowerPoint 2003.

Si ha tenido la oportunidad de usar versiones anteriores de este programa, notará que en la actual ha cambiado mucho la presentación inicial. Se puede ver en el recuadro de la izquierda una lista de todos los temas que se tratan en cada una de las páginas de una presentación. A la derecha se encuentran las diapositivas.

Las partes más importantes del programa para crear presentaciones con PowerPoint 2003

PowerPoint es uno de los mejores programas para crear presentaciones de negocios, así como para hacer tareas escolares.

Pero antes de comenzar a crear presentaciones es importante aprender a reconocer las diferentes partes de este excelente programa.

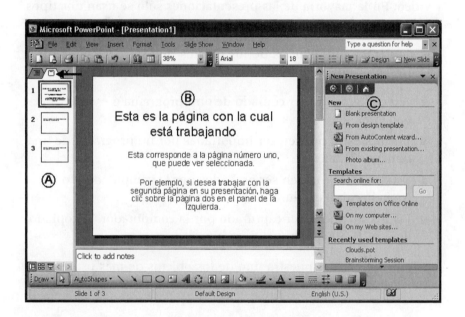

Estas son las partes más prominentes que puede ver en cuanto abra el programa PowerPoint 2003:

Ⓐ En el panel de la izquierda verá dos pestañas. Una le da la vista previa de toda la información en cada diapositiva de su presentación u "Outline" y la segunda le muestra todas las diapositivas o "Slides" de su presentación. Para cambiar al panel de diapositivas o "Slides", a veces es necesario hacer clic sobre la pestaña indicada por la flecha.

Ⓑ En la mitad de esta ventana, puede ver la página con la cual está trabajando (señalada en el panel de la izquierda). Para trabajar con una página

diferente, haga clic sobre ésta en la lista de la
izquierda.

 En el lado derecho puede ver el nuevo panel de
tareas (la franja azul).

Los varios elementos de una presentación

Una presentación en un programa como PowerPoint puede estar compuesta de muchos objetos diferentes, como por ejemplo sonidos y vídeo. En la mayoría de las presentaciones sólo se usan dos tipos de elementos: los objetos de texto y las gráficas (como una foto).

Los siguientes son algunos de los objetos que se pueden añadir a una presentación:

- *Texto:* este puede ser copiado de otro programa o escrito directamente.
- *Gráficas:* estas pueden ser importadas por un programa de una cámara digital.
- *Sonidos:* estos pueden ser grabados por la computadora o copiados al disco duro.
- *Vídeo:* esto puede ser capturado por la computadora o copiado de un CD que recibió el disco duro.

La siguiente gráfica muestra uno de los objetos de más uso en una presentación.

En las páginas siguientes aprenderá a añadir texto y gráficas a las páginas de una presentación.

Cómo añadir un objeto de texto a una presentación

Añadir texto se puede hacer al reemplazar el que ya está en una página sugerida o al añadir un bloque de texto nuevo a una hoja.

Siga la siguiente gráfica para aprender a añadirle texto a una página.

Así se añade texto a una página en PowerPoint:

1. Si abrió una presentación sugerida y tiene letras sugeridas (en este ejemplo "Click to add title"), haga clic una vez sobre ella.

2. Enseguida reemplácela, escribiendo el texto que desea usar.

3. Para cambiar el tamaño de esta casilla, coloque el indicador sobre estas guías mientras sostiene el botón izquierdo del ratón y lo jala de lado a lado o de arriba a abajo.

4. Para añadir un bloque de texto, haga clic sobre este ícono. Después coloque el indicador sobre la página y haga clic. A continuación, escriba el texto que desea usar.

Cómo cambiar el tipo de letra

A pesar de que la manera de cambiar el tipo de letra es similar a la que se usa en otros programas para Windows, en PowerPoint es necesario escoger de manera diferente el bloque de texto cuya letra desea cambiar.

En la siguiente gráfica se puede ver el proceso de cambiar el tipo de letra.

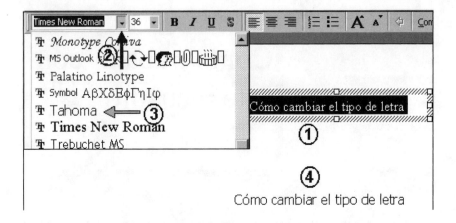

Cómo cambiar el tipo de letra

Así se cambia el tipo de letra en PowerPoint 2003:

1. Haga clic sobre el bloque de texto que desea cambiar, seleccionándolo al usar la combinación de teclas CTRL + A.

2. Haga clic sobre esta guía para ver los diferentes tipos de letra disponibles.

3. Haga clic sobre el tipo de letra que desea usar. Después haga clic dentro del bloque de texto una vez para completar el proceso.

4. Este es el tipo de letra que verá si escoge el tipo de letra "Tahoma".

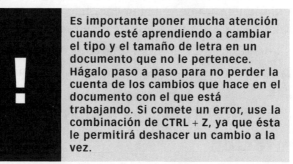

Es importante poner mucha atención cuando esté aprendiendo a cambiar el tipo y el tamaño de letra en un documento que no le pertenece. Hágalo paso a paso para no perder la cuenta de los cambios que hace en el documento con el que está trabajando. Si comete un error, use la combinación de CTRL + Z, ya que ésta le permitirá deshacer un cambio a la vez.

Cómo cambiar el tamaño de letra

A pesar de que la manera de cambiar el tamaño de la letra es similar al que se usa en otros programas para Windows, en PowerPoint es necesario escoger de manera diferente el bloque de texto cuyo tamaño de letra desea cambiar.

En la siguiente gráfica se puede ver el proceso para cambiar el tamaño de la letra.

Así se cambia el tamaño de la letra en PowerPoint 2003:

1. Haga clic sobre el bloque de texto que desea cambiar de tamaño y después selecciónelo usando la combinación de teclas CTRL + A.

2. Haga clic sobre este ícono para hacer la letra más grande. Cuando la letra cambie de tamaño, haga clic una vez dentro del bloque de texto para que deje de estar seleccionado.

3. Si el tamaño es muy grande, selecciónelo de nuevo.

4. Haga clic sobre este ícono para hacer la letra más pequeña.

Cómo añadir gráficas a una presentación

La manera de añadir una gráfica es similar a la de otras aplicaciones para Windows y sólo es necesario que sepa exactamente dónde está la gráfica que desea añadir. En este ejemplo aprenderá a añadir un dibujo que ya viene incluido en el programa.

Si desea añadir una fotografía que está guardada en el disco duro, lo puede hacer de la siguiente manera:

1. Haga clic sobre "Insert".

2. Hale el indicador hacia abajo hasta llegar a "Picture".

3. Ahora hálelo hacia la derecha y haga clic sobre "From File".

4. En el próximo recuadro busque el archivo que representa la fotografía que desea usar y, cuando la encuentre, haga clic dos veces sobre ella para copiarla a su presentación.

En la siguiente gráfica se puede ver una página o diapositiva de PowerPoint en blanco.

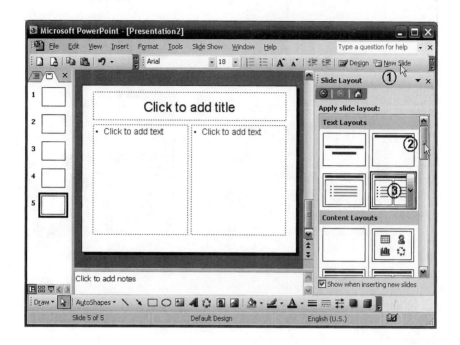

Para añadir una gráfica de arte (de las que vinieron incluidas con el programa o las que haya copiado antes a su disco duro) a una página de una presentación, haga clic sobre este ícono.

En el ejemplo que sigue aprenderá a añadir una gráfica de arte a una página en blanco. Recuerde que en una presentación de PowerPoint puede combinar diferentes objetos gráficos (gráfica de arte o fotos), de texto y de sonido en la misma página.

Recuerde que las gráficas de arte o "Clip Art" que vienen incluidas con el programa y las que fueron copiadas antes están organizadas por categorías diferentes.

Sigua la gráfica de arriba para añadir una gráfica de arte o "ClipArt" a una presentación en PowerPoint 2003 de la siguiente manera:

1. Haga clic sobre este ícono cuando vea la página (en una presentación) a la cual desea añadirle una grafica de arte o "ClipArt".

2. En la casilla debajo de "Search for:" escriba "houses" para buscar gráficas de casas y después haga clic sobre "Go".

3. Lleve el indicador del ratón sobre esta guía (mientras mantiene el botón izquierdo del ratón oprimido) y jálela de arriba a abajo hasta encontrar una gráfica que le guste.

4. Cuando la encuentre, coloque el indicador del ratón sobre ella y después (mientras mantiene el botón izquierdo del ratón oprimido) hálela hacia el área de trabajo o haga clic dos veces sobre ella. Este proceso se puede repetir varias veces, inclusive en la misma página, hasta que tenga todas las gráficas que necesite en su presentación.

Una vez que la gráfica se haya copiado a la hoja o diapositiva, la puede cambiar de lugar o de tamaño.

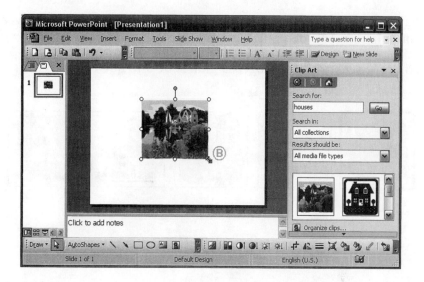

Esta es la manera de trabajar con una gráfica en PowerPoint 2003 (e inclusive en versiones anteriores) después de haberla añadido a una página:

A Para cambiar una gráfica de lugar, haga clic sobre ella y después mantenga el botón izquierdo del ratón oprimido mientras la cambia de lugar.

B Para cambiarle el tamaño, lleve el indicador sobre una de las esquinas (mientras mantiene oprimido el botón izquierdo del ratón) y hálela mientras la cambia de tamaño.

Cómo añadir una gráfica de arte o "ClipArt" en versiones anteriores de PowerPoint

Como pudo leer al principio de este capítulo, PowerPoint es uno de los programas del grupo de programas de Office que más ha cambiado en los últimos años. Por este motivo el proceso de añadir una gráfica de arte o "ClipArt" en versiones anteriores de PowerPoint (como por ejemplo la versión PowerPoint 2000) se efectúa de manera diferente.

La gráfica de abajo muestra la primera ventana que ve cuando elija añadir una gráfica o "ClipArt" a una presentación en algunas de las versiones anteriores de PowerPoint.

Para buscar gráficas relacionadas con la escuela haga clic una vez sobre la categoría de gráficas "Academic".

Ahora le será posible escoger la gráfica de arte que desea usar.

Keep Looking

Esta es la manera de seleccionar una gráfica para después añadirla a una presentación:

1. Haga clic sobre la gráfica que desea usar.
2. Después haga clic sobre este ícono en este menú para copiar esta gráfica a la hoja con la que esté trabajando. Por último, cierre este recuadro, haciendo clic en la "X" para regresar a la presentación.

Ahora puede ver como la gráfica fue pegada a la hoja o diapositiva.

Para centrar la gráfica haga clic sobre ella. Después mantenga oprimido el botón izquierdo del ratón mientras la cambia de lugar.

Cómo añadir una hoja a una presentación en PowerPoint 2003

Una presentación puede consistir en muchas páginas. Si desea añadir una página adicional, busque la página después de la cual desea añadir esta hoja adicional. Recuerde que cuando añade una página, ésta será añadida después de la hoja que estaba en la pantalla antes de completar la operación.

La siguiente gráfica muestra la manera de escoger el estilo de página que desea añadir.

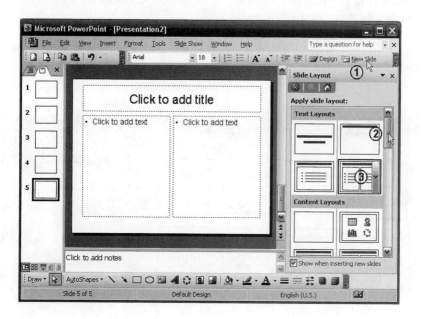

Siga estos pasos para añadir una página adicional a una presentación en PowerPoint 2003:

1. Oprima la combinación de teclas CTRL + M para añadir una página adicional. También puede hacer clic sobre "New Slide".

2. Lleve el indicador del ratón sobre esta guía (mientras mantiene el botón izquierdo del ratón oprimido) y jálela de arriba a abajo, hasta encontrar el estilo de página que desee usar.

3. En el panel de tareas de la derecha haga clic dos veces sobre el estilo de página que desea usar, si es que no le gusta el que PowerPoint le sugiere.

Cómo añadir una página adicional a una presentación en versiones anteriores de PowerPoint

Ya que PowerPoint es uno de los programas del grupo de programas de Office que más ha cambiado en los últimos años, el proceso de añadir una página adicional en versiones anteriores de PowerPoint se efectúa de manera diferente.

La gráfica de abajo ilustra la manera de escoger el estilo que desea usar para esta nueva página.

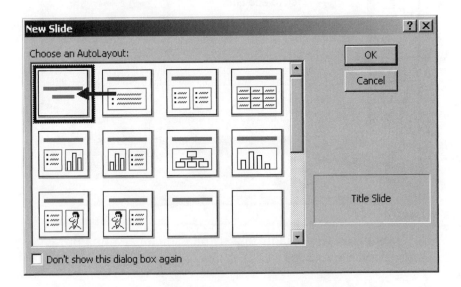

Esta es la manera de añadir páginas a una presentación en versiones anteriores de PowerPoint 2003:

1. Oprima la combinación de teclas CTRL + M para añadir una página adicional. Otra opción para realizar esto es hacer clic sobre "Insert" y después sobre "New Slide". Recuerde que cuando añade una página nueva, ésta será añadida después de la hoja que estaba en la pantalla antes de completar esta operación.

2. En este recuadro haga clic dos veces sobre el estilo de página que desea usar. Este proceso se puede repetir cuantas veces sea necesario para añadir más páginas a su presentación.

Cómo crear una presentación en PowerPoint 2003

Una presentación puede consistir en una o varias páginas (también llamadas "diapositivas") que por lo general usan diseños iguales al de la primera diapositiva y cuyo contenido puede ser una combinación de texto y gráficas de arte (o fotos).

Para comenzar una nueva presentación, primero abra PowerPoint 2003 desde el menú de comienzo o "Start Menu". Cuando el programa se abra, oprima la combinación de teclas CTRL + N para ver el panel de tareas o "Task Panel" de la derecha.

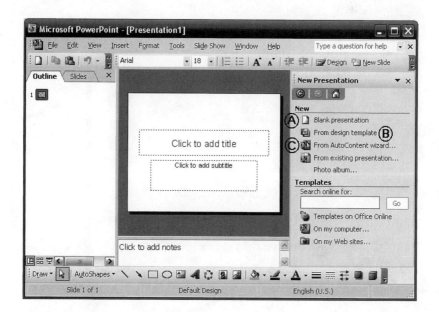

Estas son las opciones más comunes que puede usar para crear una presentación en PowerPoint 2003.

 A   Usar una hoja en blanco o "Blank presentation".

B   Usar un estilo de página o "From design template".

C   Usar el asistente de autocontenido o "From AutoContent wizard"

En versiones anteriores de PowerPoint (como PowerPoint 2000), estas opciones aparecen en una ventana que se abre inmediatamente después de que abra el programa (si oprime la tecla de escape o "Esc" verá una ventana muy similar a ésta).

Cómo crear una presentación usando el asistente de autocontenido o "AutoContent wizard"

En este ejemplo aprenderá a crear una presentación usando el asistente de autocontenido o "AutoContent wizard", que le ayudará a generar todos los elementos necesarios en una presentación. PowerPoint 2003 incluye más de 100 tipos diferentes de presentaciones sobre muchos temas diferentes.

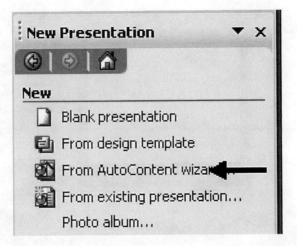

Para crear una presentación usando el asistente de autocontenido después de abrir PowerPoint 2003:

1. Haga clic sobre el menú de "File" y después haga clic sobre "New".

2. En el panel a la derecha haga clic sobre la opción "From AutoContent wizard". En versiones anteriores de PowerPoint, esta es una de las primeras opciones que puede escoger después de abrir el programa. Luego de hacer clic sobre "AutoContent wizard", haga clic sobre "OK" para continuar.

Nota

Una vez que termine de crear una presentación usando el asistente de autocontenido, le será posible reemplazar el texto y las gráficas sugeridas en ésta. En la mayoría de los casos estas presentaciones sugeridas consisten en varias páginas, cada una con un mensaje diferente. Para cambiar de una página a otra use la tecla de "PageDown" o use el clasificador de diapositivas y seleccione la página que desee usar al hacer clic sobre ella.

En la siguiente gráfica se puede ver el primer recuadro que se abre cuando se elije el asistente de autocontenido.

Haga clic sobre "Next" para comenzar a crear su presentación.

En la gráfica de abajo puede ver el segundo recuadro del asistente de autocontenido.

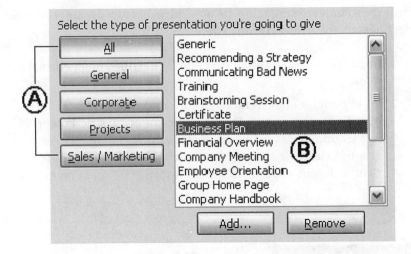

Ahora seleccione el tipo de presentación que desea crear de la siguiente manera:

Ⓐ Estas son los diferentes tipos de presentaciones (incluidas con PowerPoint). Para este ejemplo, haga clic sobre todas o "All".

Ⓑ Estas son las presentaciones disponibles dentro del grupo de presentaciones "All". Para seguir este ejemplo, haga clic sobre "Business Plan" o sobre otra que desee tratar.

Las presentaciones que crea en PowerPoint pueden ser usadas en muchos tipos de medios electrónicos, como por ejemplo el Internet. Para seguir este ejemplo, escoja el formato más usado, es decir, el de presentación en la pantalla o "On-screen presentation".

En la siguiente gráfica puede ver el recuadro para escoger el tipo de medio en el cual desea usar esta presentación.

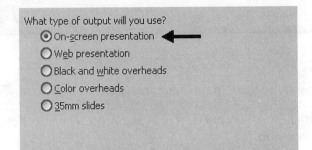

En el recuadro anterior, haga clic sobre Presentación en la pantalla o "On-screen presentation" y después haga clic sobre "Next".

En la siguiente gráfica se puede ver el recuadro para escoger el título que desea dar a su presentación.

En el recuadro anterior, escriba el título que desea usar y después haga clic sobre "Next".

En la siguiente gráfica se puede ver el último recuadro del asistente de autocontenido.

Para terminar, haga clic sobre "Finish".

La siguiente gráfica muestra la presentación que fue creada con la ayuda del asistente de autocontenido.

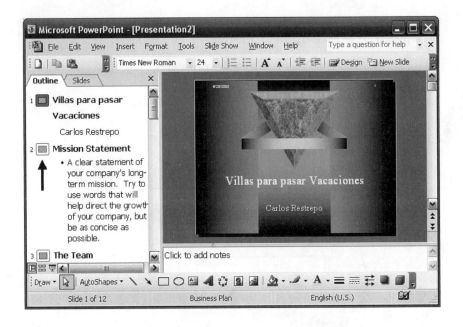

Ahora le es posible cambiar o añadir su propia información a esta presentación, usando las instrucciones que pudo ver al comienzo del capítulo. Para cambiar de página haga clic sobre el titulo de ésta, indicado por la flecha. En PowerPoint 2003 también puede hacer clic sobre la pestaña de "Slides" para ver la presentación preliminar de todas las páginas en una presentación. Para cambiar de página sólo haga clic sobre el número de la página en la que desea trabajar.

Cómo crear una presentación al escoger un estilo de página o "Design Template"

PowerPoint también le ofrece la opción de crear presentaciones usando estilos de páginas o "Design Templates" (las cuales se incluyen en el programa). Estas son páginas prediseñadas y tienen una combinación de colores y formato especiales que se pueden usar en cualquier presentación corta para darle una apariencia personalizada.

Para crear una presentación usando estilos de páginas o "Design Templates" después de abrir PowerPoint 2003:

1. Haga clic sobre el menú de "File" y después haga clic sobre "New".

2. En el panel de la derecha haga clic sobre "From design template". Luego de hacer clic sobre "Design Template", haga clic sobre "OK" para continuar.

Los estilos de página incluidos en PowerPoint son muy útiles para crear circulares que anuncian productos. También pueden ser útiles para hacer tareas escolares de varias páginas.

La gráfica de abajo representa la pantalla de elegir un estilo de página en PowerPoint 2003.

Siguiendo esta gráfica, escoja el estilo de página o "Design Template" que desee usar de la siguiente manera:

1. Lleve el indicador del ratón sobre esta guía (mientras mantenga el botón izquierdo del ratón oprimido) y jálela de arriba abajo hasta encontrar el estilo de página que desea usar.

2. Cuando lo encuentre, haga clic dos veces sobre él para copiarlo a su presentación.

3. Este es el estilo de página que escogió. Ahora puede cambiar esta página con el mensaje que desee usando las instrucciones al comienzo del capítulo.

Cómo crear una presentación al escoger un estilo de página en versiones anteriores de PowerPoint

En versiones anteriores de PowerPoint, esta es una de las primeras opciones que puede escoger después de abrir el programa. Después de hacer clic sobre estilo de página o "Design Template", haga clic sobre "OK" para continuar.

En la siguiente gráfica puede ver la pantalla que le permite elegir un estilo de página.

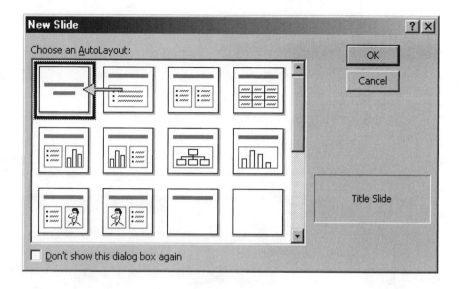

En esta ventanita escoja el estilo de página que desea usar en su presentación, haciendo clic dos veces sobre él. Enseguida puede cambiar esta página con el mensaje que desee usando las instrucciones al comienzo del capítulo.

La mejor manera de aprender a usar un programa es usarlo a menudo y tratar de probar la mayor cantidad posible de sus funciones. Esto es especialmente cierto de PowerPoint, ya que este es un programa un poco más complejo a los otros de Microsoft Office.

Cómo usar el clasificador de diapositivas o "Slide Sorter"

Una presentación de PowerPoint puede consistir en una diapositiva o en muchas diapositivas diferentes (una diapositiva en PowerPoint es lo mismo que una página en otro programa). Por este motivo a veces puede ser difícil encontrar la diapositiva con la cual desea trabajar sin tener que revisarlas una por una. Por lo tanto, resulta muy útil usar el clasificador de diapositivas, ya que éste le puede mostrar todas las diapositivas de una presentación de manera reducida.

La siguiente gráfica muestra la manera de usar el clasificador de diapositivas.

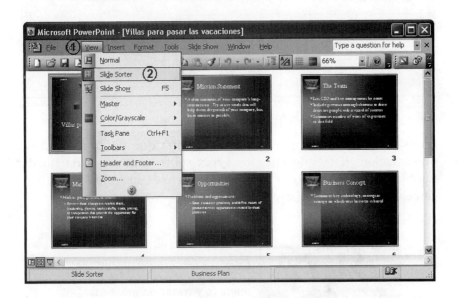

Así se usa el clasificador de diapositivas:

1. Haga clic sobre "View".
2. Hale el indicador hacia abajo y haga clic sobre "Slide Sorter". Para regresar a la ventana de uso corriente, haga clic sobre "Normal".

Dependiendo del tamaño de su presentación, cuando la pantalla cambie al clasificador de diapositivas, puede que éstas ocupen toda la pantalla o sólo una parte de ésta. Si toman toda la pantalla, puede ser necesario usar las teclas "PageDown" y "PageUp" para ver todas las demás diapositivas.

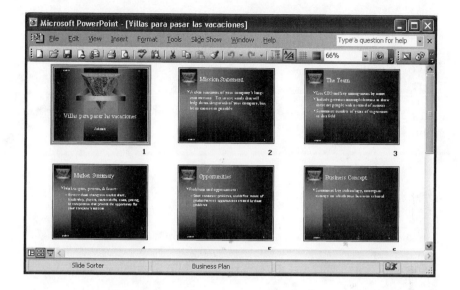

Si desea trabajar con sólo una diapositiva, haga clic sobre ella. Después la diapositiva ocupará toda la pantalla.

Para recordar

- PowerPoint es un programa con el cual puede crear presentaciones de todo tipo.

- Con el asistente de autocontenido es posible crear más de 100 tipos de presentaciones que después puede cambiar con su propia información.

- Use los estilos de página que vienen con PowerPoint para crear circulares que anuncian productos o para hacer tareas escolares que sólo requieran unas cuantas páginas.

- Use el clasificador de diapositivas para ver todas las diapositivas de una presentación de una manera reducida.

El cliente de correo electrónico Outlook 2003 de Microsoft

Introducción al cliente de correo electrónico Outlook 2003 de Microsoft

Este programa es lo que se conoce como un cliente de correo electrónico, o sea, un programa que le permite enviar y recibir mensajes de correo electrónico. Outlook 2003 viene incluido con Office 2003.

Para abrir Outlook haga clic sobre el botón de comienzo o "Start". Después lleve el indicador sobre "All Programs". En Windows 98/Me o Windows 2000, dirá sólo "Programs". Ahora busque la carpeta de "Microsoft Office" y después haga clic sobre Outlook 2003.

El área de trabajo de Outlook 2003 está organizado de la siguiente manera:

A Esta es la casilla de sus carpetas favoritas, que es algo nuevo en Outlook 2003.

B Estas son todas las carpetas individuales. Entre estas puede ver el "Inbox".

C En esta ventana se encuentran los mensajes de correo electrónico que corresponde a la carpeta que tiene seleccionada.

D En este panel puede ver el mensaje en el panel de lectura que tiene seleccionado en este momento.

El área de trabajo en versiones anteriores de Outlook

Como pudo notar en los capítulos anteriores, algunos de los programas incluidos con el grupo de programas de Office han cambiado un poco. Uno de estos programas es Outlook 2003, cuya área de trabajo ha sido rediseñada. Por lo tanto, también explicaré cómo trabajar con los diferentes paneles en algunas versiones anteriores de este programa, entre ellos Outlook 2000.

En la siguiente gráfica puede ver el área de trabajo de Outlook 2000.

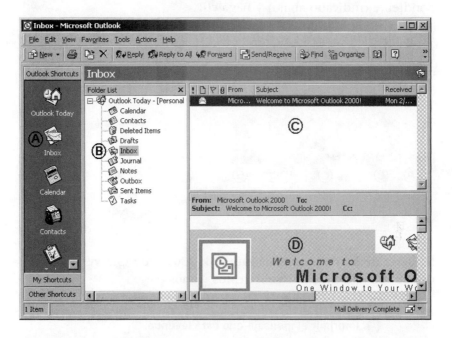

El área de trabajo de Outlook 2000 está organizado de la siguiente manera:

Ⓐ Esta es la barra de Outlook 2000. Al usarla es posible saltar de una carpeta a otra sin necesidad de buscar donde éstas se encuentran.

Ⓑ Estos son las carpetas individuales. Entre estas puede ver el "Inbox".

Ⓒ En esta ventana se encuentran los mensajes de correo electrónico que corresponden a la carpeta seleccionada en la lista de carpetas o "Folder List".

D Esta es la función de vista preliminar de un mensaje. Cuando habilita esta función, es posible ver el comienzo (si el mensaje es muy largo) del mensaje que está seleccionado en el recuadro de arriba.

La barra de herramientas o "Toolbar" de Outlook 2003

Al usar la barra de herramientas es posible realizar la mayoría de las funciones necesarias para usar Outlook 2003. Si desea realizar una función específica, coloque el indicador sobre el ícono correspondiente (indicado abajo) y haga clic.

En la siguiente gráfica se puede ver la barra de herramientas visible en Outlook 2003 cuando la carpeta de correo "Inbox" está seleccionada.

La barra de herramientas de Outlook 2003 o de una versión anterior se usa haciendo clic sobre estos íconos para:

A Crear un mensaje de correo electrónico.

B Imprimir el mensaje que está leyendo.

C Responder al mensaje que está leyendo.

D Añadir todas las direcciones de correo electrónico que estaban en el mensaje original a la lista de personas que recibirán una respuesta.

E Enviar una copia del mensaje que está leyendo a otra persona.

F Enviar y recibir su correo electrónico.

G Abrir la libreta de direcciones.

Nota Algunas compañias grandes usan Outlook con una serie de carpetas diferentes con el fin de centralizar la administración del correo electrónico. En algunos casos, el programa tiene un grupo de carpetas virtuales que sólo son visibles cuando uno está conectado a la red.

Descripción de la lista de carpetas o "Folder List"

Por motivo de organización, los mensajes electrónicos que recibe y envía desde una dirección de correo electrónico usando Outlook 2003 (o una versión anterior) residen en una serie de carpetas o "folders". Cada uno de estos tiene una función específica. Por ejemplo, la carpeta de "Deleted Items" recibe todos los mensajes que eligió borrar.

La siguiente gráfica representa la lista de carpetas presentes en Outlook 2003.

Estas son las funciones de algunas de las carpetas que se usan más a menudo en Outlook 2003:

Ⓐ La carpeta de "Deleted Items" guarda todo el correo electrónico que borra.

Ⓑ La carpeta de entrada o "Inbox" es la que recibe todo el correo electrónico nuevo.

Ⓒ Esta carpeta guarda los mensajes que se están enviando pero que todavía no han salido.

Ⓓ En esta carpeta encontrará copias de los mensajes que envió.

Ⓔ El panel de las carpetas favoritas o "Favorite Folders" contiene atajos o "ShortCuts" a las carpetas que usa más a menudo. Esta función es nueva en Outlook 2003, por este motivo si tiene una versión anterior de Outlook 2003 (como la de Outlook 2000) no la verá.

Cómo trabajar con el menú de ver o "View" en Outlook 2003

Si desea sacarle el mayor provecho a este excelente programa, es importante que aprenda a ver o esconder las diferentes secciones del mismo. Use el menú de ver o "View" para organizar los diferentes paneles que componen este cliente de correo electrónico de la manera que más le agrade.

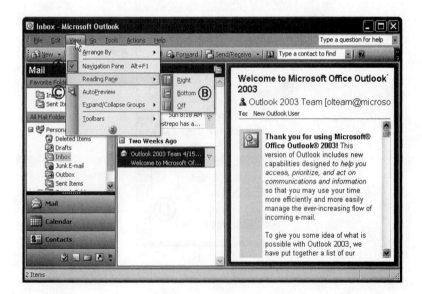

Esta es la manera de ver o esconder los diferentes paneles que componen a Outlook 2003 después de hacer clic sobre ver o "View":

A Haga clic sobre "Navigation Panel" para ver o esconder el panel de navegación que se encuentra a la izquierda del área de trabajo (debajo de correo o "Mail").

B Haga clic sobre "Reading Panel" y después sobre "Right" (derecha), "Bottom" (abajo) u "Off" (cerrar este panel) para ver el panel a la derecha, verlo abajo o cerrarlo, respectivamente.

C Haga clic sobre "AutoPreview" para ver una vista preliminar del encabezamiento de sus mensajes.

Cómo trabajar con el menú de ver o "View" en versiones anteriores de Outlook

Como indicamos anteriormente, Outlook 2003 cuenta con muchas mejoras en comparación con versiones anteriores. Por este motivo el menú de Ver o "View" en versiones anteriores de Outlook (como la versión Outlook 2000), es un poco diferente al de la versión 2003.

La siguiente gráfica representa la presentación inicial del cliente de correo electrónico Outlook 2000.

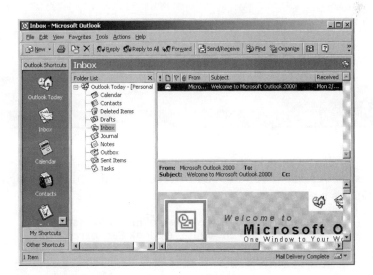

Si desea esconder la barra de Outlook y cerrar el recuadro de la vista preliminar, siga los siguientes pasos:

 Haga clic sobre "View", hale el indicador hacia abajo y haga clic sobre "Outlook Bar".

B Haga clic sobre "View", hale el indicador hacia abajo y haga clic sobre "Preview Page".

Ahora puede ver cómo la barra de Outlook y el recuadro de vista preliminar están escondidos. De esta manera, puede ver las carpetas individuales en una ventana más amplia, y la lista de los mensajes tomando todo el lado derecho.

En la siguiente gráfica se puede ver que la ventana de Outlook está dividida en dos recuadros en vez de cuatro.

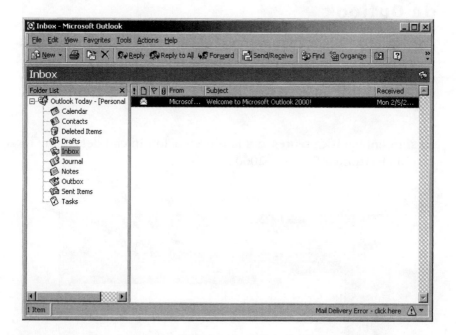

Si desea regresar a ver los cuatro recuadros de Outlook, siga los siguientes pasos:

 Haga clic sobre "View", hale el indicador hacia abajo y haga clic sobre "Outlook Bar" para ver la barra de Outlook.

Haga clic sobre "View", hale el indicador hacia abajo y haga clic sobre "Preview Page" para seleccionar la vista preliminar.

Cómo funciona el proceso de crear y enviar un mensaje de correo electrónico

El proceso de crear y enviar un mensaje de correo electrónico es una de las funciones más precisas que se puede realizar con una computadora personal, ya que en la mayoría de los casos nunca falla. Es decir, si envía un mensaje y más tarde encuentra una copia de este en la carpeta de "Sent Items", lo más probable es que la persona ya lo recibió.

La siguiente gráfica muestra el proceso de crear y enviar un mensaje de correo electrónico.

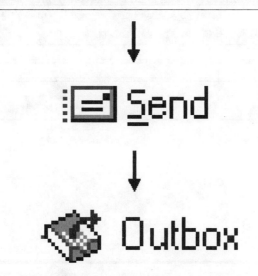

My name is Jaime A. Restrepo and I would like to inform you that Random House, Inc., has published three of my books on the use of personal computers for Spanish-speaking beginners. These books are on sale all over the United States. William F. Buckley of the *National Review* liked the first one so much that he wrote the introduction.

El proceso de crear un mensaje de correo electrónico es el siguiente:

1. Primero redacte el mensaje que desea enviar. Después indique a quién desea enviárselo.
2. Haga clic sobre "Send" para enviar el mensaje.
3. El cliente de correo electrónico tratará de enviar el mensaje. Si falla, le indicará un error.

Cómo crear un mensaje de correo electrónico con Outlook 2003

El proceso de redactar un mensaje de correo electrónico en Outlook 2003 (o en versiones anteriores) es muy fácil de realizar. Primero abra la ventana de crear un mensaje (ésta es muy similar a un pequeño procesador de palabras) y después redáctelo como si estuviera escribiendo una carta.

En la siguiente gráfica puede ver cómo abrir la ventana para redactar un mensaje de correo electrónico en todas las diferentes versiones de Outlook.

Estas son las dos maneras de abrir la ventana para crear un mensaje nuevo en Outlook 2003 (que también se realiza de casi la misma manera si tiene una versión anterior) después de hacer clic sobre la carpeta de "Inbox":

- Oprima la combinación de teclas CTRL + N.
- Haga clic sobre nuevo o "New" en la barra de herramientas.

Después es necesario añadir la dirección de correo electrónico de la persona o personas que recibirán este mensaje. Esto se puede hacer al escribir directamente la dirección de correo electrónico o al usar la libreta de correo electrónico (si la dirección de correo electrónico que desea usar ya esta guardada ahí).

La siguiente gráfica muestra la manera de llenar esta información para indicarle a Outlook quién recibirá su mensaje.

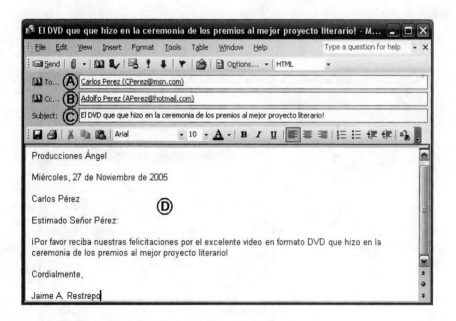

En las casillas indicadas escriba las direcciones de correo electrónico de la persona o personas que recibirán el mensaje de la siguiente manera:

Ⓐ Al lado de "To" escriba la dirección de correo electrónico de la persona o personas que recibirán el mensaje.

Ⓑ Al lado de "Cc" escriba la dirección de correo electrónico de otra persona a quien desea enviarle una copia del mensaje.

Ⓒ Al lado de "Subject" escriba el tema del mensaje.

Ⓓ Este es el espacio donde escribe el mensaje que desea enviar, el cual se parece bastante a un archivo de Microsoft Word.

Cómo usar la libreta de direcciones en Outlook 2003

La libreta de direcciones es el lugar más eficiente para guardar las direcciones electrónicas de las personas con quienes corresponde mediante esta vía. Por este motivo es una buena idea guardar todas las direcciones de correo electrónico, siguiendo las instrucciones que verá más adelante en este capítulo.

Esta es la manera de añadir direcciones de correo electrónico a un mensaje que desee enviar en Outlook 2003 —o en versiones anteriores de este programa— si ya ha guardado las direcciones de sus contactos en la libreta de direcciones:

1. Haga clic sobre "To" para abrir la libreta de direcciones. Si tiene una versión anterior de Outlook esta ventanita es un poco diferente, pero la idea es la misma.

2. Escoja la persona a quien desea enviarle un mensaje, haciendo doble clic sobre su nombre. Repita esto por cada persona a quien le desea enviar el mensaje.

3. Para enviar una copia del mensaje, escoja otra persona y después haga clic sobre "Cc".

4. Finalmente haga clic sobre confirmar o "OK" para añadir estas direcciones a su mensaje.

Cómo enviar un mensaje de correo electrónico

Una vez que termine de redactar un mensaje y de añadir las direcciones de correo electrónico a quienes desea enviárselo, lo puede enviar o lo puede guardar para enviarlo más tarde.

Para enviarlo es necesario que tenga una conexión al Internet, a menos que trabaje en una oficina y este sea un mensaje a otro usuario en la misma red en la que trabaja.

El proceso de enviar un mensaje usando Outlook 2003 o versiones anteriores de este cliente de correo electrónico es el mismo:

1. Haga clic sobre "Send" para comenzar el proceso de enviar su mensaje.

2. Ahora este mensaje es enviado a la carpeta de "Outbox". Haga clic sobre el botón de "Send and Receive" u oprima la tecla de F9 para enviarlo (o F5 en versiones anteriores de Outlook).

Si Outlook 2003 tuvo éxito en enviar el mensaje, lo copiará a la carpeta de "Sent Items". Esta copia servirá como confirmación de que el mensaje fue enviado y que la persona a quien se lo envió lo recibirá la próxima vez que abra sus mensajes de correo electrónico.

En la siguiente gráfica puede ver un mensaje que recien mandó en la carpeta de "Sent Items".

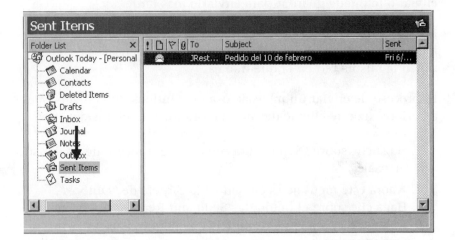

Por lo general, se puede decir que los mensajes que se encuentran en la carpeta de "Sent Items" fueron recibidos por el servidor que mantiene la cuenta de correo electrónico a la cual le envió el mensaje.

Un mensaje de correo electrónico en el espacio cibernético viaja a la velocidad de luz. Por eso, no se debe tardar más de un minuto para llegar a cualquier parte del mundo. A pesar de esto, pueden haber situaciones en las cuales servidores de correo electrónico de ciertas compañías se encuentren agobiados por la cantidad de mensajes que están recibiendo y, como resultado, haya una demora en enviar y recibir sus mensajes.

Cómo guardar un mensaje de correo electrónico antes de enviarlo

Una vez que termine de redactar un mensaje puede enviarlo o puede guardarlo para enviarlo más tarde. Si desea guardarlo para terminar de redactarlo en otro momento, será enviado a otra carpeta, llamada "Drafts".

En la siguiente gráfica se puede ver el proceso de guardar un mensaje para enviarlo en otra oportunidad.

El DVD que hizo en la ceremonia de los premios al mejor proyecto literario! - Message

File   Edit   View   Insert   Format   Tools   Table   Window   Help   Type a question for help

Send   Options...   HTML

This message has not been sent.

To...   Carlos Perez (CPerez@msn.com)

Cc...   Adolfo Perez (APerez@hotmail.com)

Subject: El DVD que hizo en la ceremonia de los premios al mejor proyecto literario!

Arial   10   B   I   U

Producciones Ángel

Miércoles, 27 de Noviembre de 2005

Carlos Pérez

Estimado Señor Pérez:

Por favor reciba nuestras felicitaciones por el excelente video, en formato DVD, que hizo en la ceremonia de los premios al mejor proyecto literario!

Cordialmente,

Jaime A. Restrepo

Si está redactando un mensaje y desea guardarlo para enviarlo más tarde, lo puede hacer de la siguiente manera:

1. Haga clic sobre el ícono indicado por la flecha para guardar un mensaje que esté redactando. Este proceso se realiza de la misma manera en versiones anteriores de Outlook, haciendo clic sobre este ícono en la barra de herramientos.

2. Si desea cerrar este mensaje, haga clic sobre la esquina del mismo.

Cuando elige guardar un mensaje para enviarlo en otra oportunidad, éste permanecerá en Outlook 2003 hasta que lo envíe o lo borre.

En la siguiente gráfica se puede ver los mensajes que tiene guardados para enviarlos en otra oportunidad dentro de la carpeta de "Drafts".

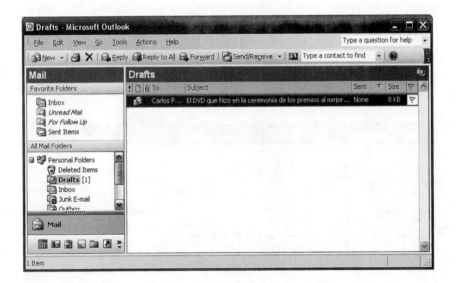

Así se regresa a este mensaje para trabajar más en él:

1. Haga clic sobre la carpeta de "Drafts" para ver los mensajes que tiene guardados.

2. En la ventana de la derecha puede ver los mensajes que eligió guardar. Si desea trabajar con uno de ellos, haga clic sobre él.

Cómo adjuntar archivos a un mensaje

Una de las ventajas de Outlook es la facilidad con la cual se pueden enviar archivos, adjuntándolos a un mensaje. Así puede enviar y recibir archivos sin necesidad de usar discos flexibles.

En la siguiente gráfica se puede ver el proceso de adjuntar un archivo a un mensaje.

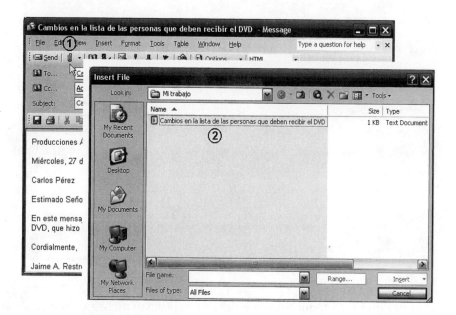

Así se adjunta un archivo a un mensaje en Outlook:

1. Coloque el indicador sobre el ícono del ganchito de papel y haga clic. En algunas versiones anteriores de Outlook, este ganchito está más hacia el centro de la barra de herramientas.
2. Cuando encuentre el archivo que desea enviar haga clic dos veces sobre él.

Esta función de Outlook funciona muy bien siempre y cuando la persona que reciba este archivo tenga el mismo programa con el cual usted lo creó. Por ejemplo, si alguien le envía una presentación creada en PowerPoint y usted no tiene PowerPoint, no lo podrá abrir.

En la siguiente gráfica puede ver un archivo adjuntado a un mensaje. Se encuentra delante de la flecha y debajo de "Subject". En algunas versiones de Outlook, los archivos que adjuntó a un mensaje aparecen en la parte de abajo de éste.

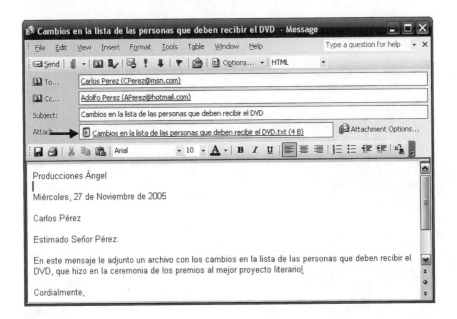

Una vez que esté seguro de que desea enviar este mensaje, haga clic sobre "Send".

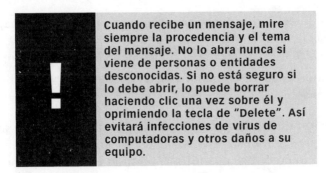

Cuando recibe un mensaje, mire siempre la procedencia y el tema del mensaje. No lo abra nunca si viene de personas o entidades desconocidas. Si no está seguro si lo debe abrir, lo puede borrar haciendo clic una vez sobre él y oprimiendo la tecla de "Delete". Así evitará infecciones de virus de computadoras y otros daños a su equipo.

Cómo recibir mensajes de correo electrónico

Esta es una de las funciones principales de un cliente de correo electrónico y es muy fácil de hacer en Outlook 2003. Por lo general, los mensajes de correo electrónico siempre llegan a la carpeta llamada "Inbox", la cual se encuentra en la lista principal de carpetas en Outlook 2003.

La siguiente gráfica muestra el área de trabajo de Outlook 2003.

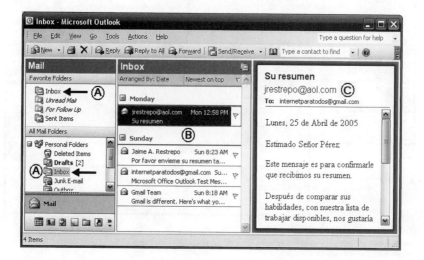

Esta es la manera de recibir un mensaje de correo electrónico en Outlook 2003 o en una versión anterior del programa, como por ejemplo Outlook 2000:

A Haga clic sobre "Inbox" en uno de los dos sitios indicados por las flechas. En versiones anteriores de Outlook, el panel de carpetas favoritas o "Favorite Folders" no está disponible.

B Estos son los mensajes que recibió. Si el panel de lectura está habilitado, dependiendo de su preferencia, le será posible leer el mensaje en el panel de la derecha o en el de abajo con sólo hacer clic una vez sobre él.

C En la cabecera del mensaje podrá leer la dirección de correo electrónico de la persona que le envió el mensaje.

Si prefiere, también puede leer sus mensajes en una ventana completa. Cuando termine de leer el mensaje, cierre la ventana de éste y regrese a Outlook para leer otro mensaje.

Las siguiente dos gráficas muestran la manera de leer mensajes de correo electrónico en ventanas independientes.

Así se lee los mensajes de correo electrónico:

1. Seleccione el mensaje que desea ver haciendo clic dos veces sobre él.

2. Este es el mensaje que recibió.

3. Esta es la dirección de la persona que le envió el mensaje.

Cómo responder a mensajes de correo electrónico

Una vez que halla leído un mensaje de correo electrónico, puede borrarlo o redactar una respuesta. Para borrar un mensaje, haga clic sobre él, y después haga clic sobre la "X" en la barra de herramientas.

La siguiente gráfica muestra el proceso de contestar un mensaje en Outlook 2003, el cual es el mismo en versiones anteriores del programa.

Así se contesta un mensaje de correo electrónico en Outlook:

1. Una vez que esté leyendo el mensaje, haga clic sobre "Reply".
2. Redacte la respuesta al mensaje que recibió.
3. Haga clic sobre "Send" para enviar su respuesta.

Cómo guardar un archivo que recibió en un mensaje

El proceso de guardar un archivo que recibió adjuntado a un mensaje es muy similar al proceso de recibir un mensaje. Los mensajes que contienen archivos se reconocen por tener un ganchito de papel (sujetapapeles) al lado del mensaje.

En la siguiente gráfica se puede ver que el mensaje en negritas tiene un ganchito de papel.

Esta es la manera de guardar al disco duro un archivo que recibió adjuntado a un mensaje de una persona que conoce. Si no conoce la persona que le envió este archivo, tal vez sea mejor no abrirlo:

1. Seleccione el mensaje que desea ver, haciendo clic dos veces sobre él.
2. Para guardar este archivo haga clic en el ícono al lado de "Attachments" con el botón derecho del ratón.
3. Haga clic sobre "Save As". Si no desea guardarlo, haga clic dos veces sobre el archivo para abrirlo.

Cuando la ventana de guardar archivos se abra, es necesario indicarle a su computadora dónde desea guardar este archivo, sea en su disco duro o bien en otra unidad de almacenamiento.

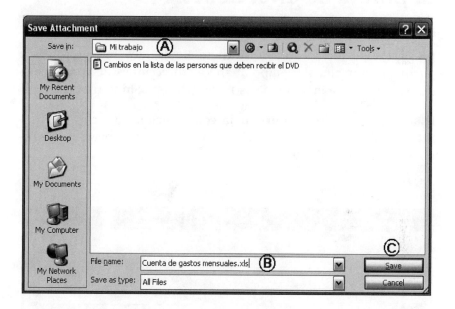

Esta es la manera de guardar un archivo que recibió en un mensaje de correo electrónico a su disco duro o a otra unidad de almacenamiento:

 Primero elija la carpeta donde desea guardar este archivo.

 Este es el nombre del archivo. Si gusta, puede darle otro nombre.

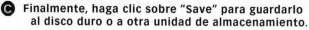 Finalmente, haga clic sobre "Save" para guardarlo al disco duro o a otra unidad de almacenamiento.

Por regla general nunca abra archivos que recibe a través de su correo electrónico a menos que sepa exactamente quién se lo envió. De otra manera su computadora puede resultar comprometida con un virus que dañe sus archivos, o peor aún, con un programa que usará su computadora para propagar virus a las personas que estén en su libreta de direcciones.

La libreta de direcciones o "Address Book" de Outlook 2003

La libreta de direcciones o "Address Book" de Outlook 2003 le puede ahorrar mucho tiempo al añadir direcciones de correo electrónico que usa a menudo a sus mensajes con sólo usar el ratón.

Ésta se puede abrir al oprimir la combinación de teclas CTRL + SHIFT + B o al hacer clic en el ícono de ésta en la barra de herramientas de Outlook 2003.

Name	Display Name	E-mail Address	E-mail Type
Carlos Abadia	Carlos Abadia (CAbad...	CAbadia@Latinmail.com	SMTP
Carlos Perez	Carlos Perez (CPerez...	CPerez@msn.com	SMTP
Carlos Ruiz	Carlos Ruiz (CRuiz@M...	CRuiz@Msn.com	SMTP
Familia (B)	Familia		MAPIPDL
Francisco Soto	Francisco Soto (FSoto...	FSoto@Aol.com	SMTP
Jaime A. Restrepo	Jaime A. Restrepo (J...	JRestrepo@Aol.com	SMTP
John Ruiz	John Ruiz (JRuiz@Ms...	JRuiz@Msn.com	SMTP
Juan Maldonado (A)	Juan Maldonado (JMa...	JMaldonado@Hotmail...	SMTP
Rocio Jaramillo	Rocio Jaramillo (RJara...	RJaramillo@Aol.com	SMTP
Rogelio Maldonado	Rogelio Maldonado (R...	RMaldonado@Latinm...	SMTP

Address Book — File Edit View Tools

Type Name or Select from List:

Show Names from the: Contacts

La libreta de direcciones o "Address Book" en versiones anteriores de Outlook, como la versión de Outlook 2000, es un poco diferente a la versión de Outlook 2003.

Esta también se puede abrir al oprimir la combinación de teclas CTRL + SHIFT + B o al hacer clic en el ícono de ésta en la barra de herramientas de Outlook.

La siguiente gráfica representa la libreta de direcciones de Outlook 2000.

En esta libreta de direcciones puede ver los siguientes objetos que puede usar para añadir direcciones de su correo electrónico a sus mensajes:

A Nombres de contactos individuales

B Grupos de contactos

Cada una de las direcciones en la libreta de direcciones de Outlook se llama un "contacto". Esto se debe a que este contacto puede guardar mucha información acerca de una persona o acerca de una compañía. Esta libreta también puede extraer contactos de otros programas o enviar sus contactos a otros usuarios de Outlook.

Cómo añadir un contacto a la libreta de direcciones en Outlook 2003

La libreta de direcciones de Outlook 2003 le permite guardar todas las direcciones de correo electrónico que necesite usar a menudo. De esta manera es posible llenar la información acerca de las personas a quienes desea enviarles mensajes de correo electrónico con sólo hacer clic dos veces con el ratón.

A continuación, aprenderá a añadir un contacto a esta libreta de direcciones.

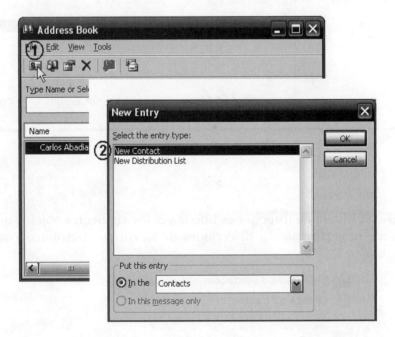

Esta es la manera de abrir el recuadro para añadir una dirección de correo electrónico después de abrir la libreta de direcciones:

1. Haga clic sobre el ícono indicado por la flechita para abrir la próxima ventana.

2. Haga doble clic sobre "New Contact".

Finalmente, puede ver en la gráfica de abajo la ventana con que se añade una dirección de correo electrónico a la libreta de direcciones.

En esta ventana escriba la información del contacto que desea añadir de la siguiente manera:

1. En el primer espacio escriba el nombre y el apellido de esta persona.

2. Si desea también puede escribir otra información, como por ejemplo los teléfonos de esta persona o la dirección (debajo de "Addresses").

3. En este espacio escriba la dirección de correo electrónico de esta persona y después haga clic afuera de esta casilla.

4. Finalmente, haga clic sobre guardar y cerrar, o "Save and Close", para guardar este contacto.

Cómo crear un grupo de contactos en la libreta de direcciones de Outlook 2003

Si tiene una lista de personas a quienes de vez en cuando les escribe mensajes de correo electrónico, tal vez sería una buena idea crear un grupo de contactos (por ejemplo, usando direcciones de miembros de su familia). De esta manera puede redactar y enviar un mensaje a todas las personas en este grupo con sólo añadir el nombre del grupo (como el destinatario), en frente de "To:"

Esta es la manera de crear una lista de contactos de correo electrónico después de abrir la libreta de direcciones:

1. Haga clic sobre el ícono indicado por la flechita para abrir la próxima ventana.

2. Haga doble clic sobre "New Distribution List" para empezar a crear una lista de distribución.

Ahora puede comenzar el proceso de crear una lista de distribución en la libreta de direcciones de Outlook 2003. A ésta puede añadir las direcciones de correo electrónico de personas a quienes con frecuencia desea enviarles el mismo mensaje.

En la ventana de arriba puede comenzar a crear una lista de distribución de la siguiente manera:

1. En la casilla al lado de de nombre o "Name", escriba el nombre del grupo que desea crear. En este ejemplo puede usar "Familia", o "Amigos".

2. Después haga clic sobre "Select Members" si desea añadir direcciones que ya están en la libreta de Outlook 2003. En la próxima página verá más información acerca de cómo añadir contactos que tiene guardados a este grupo de contactos.

Nota

Por favor tenga en cuenta que hoy en día muchas compañías proveedoras de servicio al Internet o "ISPs", están regulando más estrictamente el movimiento de los mensajes de correo electrónico que son enviados usando sus servicios. Por lo tanto, trate de no añadir muchos contactos a una lista de distribución. Por ejemplo, el límite de recipientes dentro de la red de Cablevision en Connecticut es de 50 por lista de distribución.

Ahora puede escoger los nombres de los contactos que desea añadir a esta lista de distribución.

Select Members   ☒

Type Name or Select from List: Show Names from the:

[   ]   Contacts   ▼

Name	Display Name	E-mail Address
Amparo Jaramillo	Amparo Jaramillo (AJ...	AJaramillo@aol
Carlos Abadia	Carlos Abadia (CAbad...	CAbadia@Latin
Carlos Ruiz ①	Carlos Ruiz (CRuiz@M...	CRuiz@Msn.coı
Francisco Soto	Francisco Soto (FSoto...	FSoto@Aol.con
Jaime A. Restrepo	Jaime A. Restrepo (J...	JRestrepo@Aol
John Ruiz	John Ruiz (JRuiz@Ms...	JRuiz@Msn.con
Juan Maldonado	Juan Maldonado (JMa...	JMaldonado@H
Rocio Jaramillo	Rocio Jaramillo (RJara...	RJaramillo@Aol
Rogelio Maldonado	Rogelio Maldonado (R...	RMaldonado@Lı

◄   IIII   ►

Add to distribution list:

[Members ->]   Jaime A. Restrepo (JRestrepo@Aol.com);
      ②   Juan Maldonado (JMaldonado@Hotmail.com);
                 Rocio Jaramillo (RJaramillo@Aol.com);
                 Rogelio Maldonado (RMaldonado@Latinmail.com)

                                    ③

[Advanced ▼]   [OK   ]   [Cancel]

Siga los siguientes pasos para añadir contactos de su libreta de direcciones a esta lista de distribución:

1. Haga clic mientras mantiene oprimido el botón de CTRL sobre los nombres de los contactos que desea añadir a esta lista.

2. Ahora haga clic sobre "Members" para añadirlos a esta lista de distribución que creó en la página anterior.

3. Finalmente haga clic sobre "OK" y después sobre guardar y cerrar, o "Save and Close", para guardar esta lista.

En versiones anteriores de Outlook, como por ejemplo Outlook 2000, la manera de crear una lista de distribución es un poco diferente. Pero la idea es la misma y la función le permitirá, por ejemplo, enviar el mismo mensaje a 20 de sus empleados.

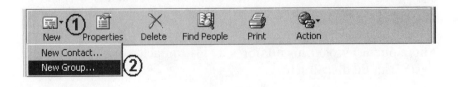

Esta es la manera de abrir el recuadro para crear un grupo de contactos en versiones anteriores de Outlook después de abrir la libreta de direcciones:

1. Primero haga clic sobre "New".
2. Después haga clic sobre "New Group" para crear este nuevo grupo.

Cómo añadir contactos de la libreta de direcciones a un grupo de contactos en versiones anteriores de Outlook

En versiones anteriores de Outlook, si crea un grupo de contactos y desea añadirle contactos individuales, los puede escribir manualmente o agregarlos a los contactos individuales que ya tiene guardados en la libreta de direcciones. Si escogió "Select Members", los puede añadir con las indicaciones que se encuentran en esta página.

La siguiente gráfica representa la ventana de añadir contactos individuales que tiene guardados en un grupo de contactos.

Así se añaden contactos individuales a un grupo de contactos:

1. En esta ventana, haga clic sobre el contacto que desea añadir a este grupo.

2. Haga clic sobre "Select" para añadir este contacto al grupo. Repita este proceso por cada uno de los contactos que desea añadir al grupo. Cuando termine, haga clic sobre "OK".

Para recordar:

- Outlook 2003 es el cliente de correo electrónico incluido con Office 2003.

- Al usar la barra de herramientas es posible realizar la mayoría de las funciones necesarias para usar Outlook 2003.

- Use la función de ver o "View" para organizar los diferentes paneles que componen este cliente de correo electrónico de la manera que más le agrade.

- Una vez que termine de redactar un mensaje, lo puede enviar o lo puede guardar para enviarlo más tarde.

- Si Outlook 2003 tuvo éxito en enviar un mensaje, lo copiará a la carpeta de "Sent Items".

- Revise siempre la procedencia y el tema del mensaje que acaba de recibir y nunca lo abra si viene de personas o entidades desconocidas.

- Los mensajes de correo electrónico que recibe siempre llegan a la carpeta llamada "Inbox".

- La libreta de direcciones de Outlook 2003 le puede ahorrar mucho tiempo al copiar direcciones que usa a menudo a sus mensajes con sólo usar el ratón.

La función de imprimir

Cómo imprimir documentos

La función de poder presentar una copia fiel de un documento que haya creado en la computadora es tal vez una de las funciones más útiles que se pueden realizar con una computadora. En este capítulo aprenderá diferentes maneras de imprimir un documento.

La gráfica de abajo muestra la manera más común de imprimir en el sistema operativo Windows.

Print		? X
Printer		
Name:	EPSON Stylus Photo 875DCS ⬅ ▼	Properties
Status:	Idle	Find Printer...
Type:	EPSON Stylus Photo 875DCS	
Where:	USB002	☐ Print to file
Comment:		☐ Manual duplex

Page range
- ⦿ All
- ○ Current page   ○ Selection
- ○ Pages: [_____]

Enter page numbers and/or page ranges separated by commas. For example, 1,3,5–12

Copies
Number of copies: [1] ▲▼

☑ Collate

Cuando desee imprimir, lo puede hacer de la siguiente manera:

1. Haga clic sobre "File", hale el indicador hacia abajo y haga clic sobre "Print".
2. Cuando la ventana se abra, pulse la tecla "Enter". Ahora la impresora (indicada por la flecha) comenzará a imprimir su trabajo.

Nota

Como puede ver en la gráfica anterior, cuando elige imprimir, el programa envía el documento a la impresora EPSON Stylus Photo 875DCS. Esta es la impresora de sistema. Si tiene otra impresora y desea usarla, es necesario indicarle al programa que desea imprimir con una impresora diferente.

Cómo usar la impresión preliminar

Esta es una función muy útil, ya que le permite revisar un documento antes de enviarlo a la impresora. También le ayuda a ahorrar papel, ya que tiene una oportunidad más de revisar su documento antes de imprimirlo. Está disponible en la mayoría de los programas para Windows.

La siguiente gráfica muestra la barra de herramientas de Microsoft Word 2003.

Para ver la impresión preliminar en un documento, haga clic sobre este ícono (con el dibujo de una lupa sobre una página).

![Ventana de impresión preliminar de Microsoft Word mostrando el documento "BOTELLA AL MAR (Preview)"]

Por Amparo Jaramillo-Restrepo

Muchas veces en mi devenir de escritora anónima he soñado con escribir algunos artículos bajo este sugestivo título con la esperanza de que alguien encuentre mi mensaje. El mensaje de una mujer desconocida, cuya vida ha transcurrido entre dos mundos en más de un sentido. La experiencia de una inmigrante nacida en un remoto pueblo colombiano y lanzada a la corriente de la vida, sin más armas para defenderme que mi limitado bagaje intelectual que me transmitieron afortunadamente una madre visionaria, mi sed por la lectura, una serie de profesores extraordinarios y un grupo de amigos y amigas excepcionales en los dos lados del océano.

Aquí empieza entonces mi experimento, y si tú, querido lector, encuentras mi mensaje en el INTERNET como una botella lanzada al vasto océano en mi página Web www.mipoesia.com y quieres responder a él, tendré una agradable sorpresa. El título de este primer mensaje es EL PELIGRO DE LAS ETIQUETAS.

En la gráfica anterior se puede ver la impresión preliminar. Esta le dará una idea de cómo su documento se verá en papel una vez que lo imprima. Para cerrar la vista preliminar y regresar a su documento, haga clic sobre cerrar o "Close".

En algunos casos cuando se escoge la impresión preliminar, ésta sólo muestra una copia reducida del documento que desea ver. Si desea, lo puede ampliar muy fácilmente.

En la siguiente gráfica se puede ver la impresión preliminar de un documento reducido al 50% (la mitad) de su tamaño.

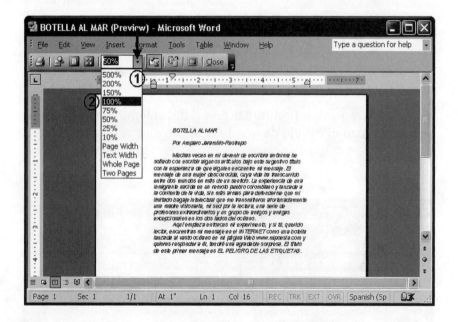

Así se amplía el documento usando la barra de herramientas:

1. Haga clic sobre esta guía. Ahora podrá ver un menú tipo cortina.
2. Haga clic sobre 100% para ampliar el documento.

Ahora se puede ver en la siguiente gráfica cómo el documento fue ampliado al 100% de su tamaño.

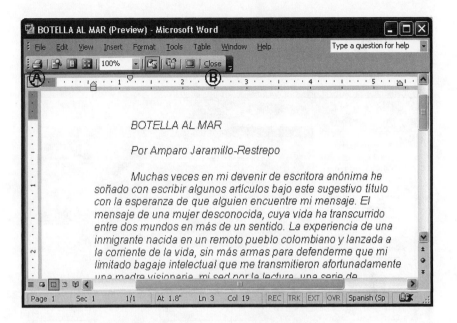

Ahora puede trabajar con este documento de la siguiente manera:

A Si quiere imprimirlo, haga clic sobre el ícono de imprimir.

B Para regresar a trabajar en él, haga clic sobre "Close".

Si hace clic sobre el ícono de imprimir en la barra de herramientas, todas las páginas de un documento serán enviadas a la impresora, incluso si el documento tiene más de 100 páginas. En las páginas siguientes aprenderá a imprimir sólo la página que está en la pantalla o bien páginas específicas de un documento.

Cómo imprimir sólo la página que está en la pantalla

Esta función puede ahorrar mucho papel, ya que le permite imprimir sólo la página que está en la pantalla.

La siguiente gráfica muestra en la pantalla la página número tres de un documento que tiene muchas páginas.

Siga los siguientes pasos para imprimir la página que está en la pantalla:

1. Coloque el indicador en "File".
2. Ahora jálelo hacia abajo, y después haga clic sobre "Print".
3. En la ventana de "Print" haga clic sobre "Current page". Para imprimir sólo esta página, oprima la tecla "Enter".

Cómo imprimir sólo páginas específicas de un documento

Esta función le permite imprimir sólo ciertas páginas de un documento que tenga muchas. Así puede ahorrar papel y también tinta, sobre todo si tiene una impresora de color.

La siguiente gráfica muestra el límite de impresión o "Page Range" en el menú de impresión.

Así se le indica a la impresora qué páginas debe imprimir:

 Imprimir todas las páginas de este documento, o "All", es la opción de sistema cuando se elige usar la función de imprimir.

 Haga clic sobre "Pages" si desea imprimir sólo ciertas páginas. Después escriba el primer número de la página y la última que desea imprimir (separados por un guión). Para imprimir, oprima la tecla "Enter".

Cómo cambiar la impresora predeterminada

La impresora predeterminada o "Default Printer" es la primera impresora que aparece en el menú cuando elige imprimir un documento. Si tiene acceso a dos impresoras, una de color y una láser de blanco y negro, es buena idea usar la impresora láser como la impresora predeterminada.

La gráfica de abajo muestra que en esta computadora la impresora de sistema es una IBM 4039 LaserPrinter.

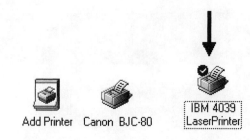

Si desea, puede elegir otra impresora, como la impresora del sistema. Así se cambia la impresora del sistema:

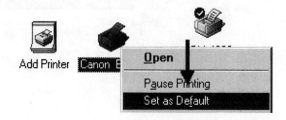

Esta es la manera de cambiar la impresora de sistema en una computadora con el sistema operativo Windows:

1. Lleve el indicador sobre "Start" y haga clic una vez.
2. Ahora hale el indicador hacia arriba hasta llegar a "Settings", después hacia la derecha y haga clic sobre "Printers".

En la ventana de las impresoras, haga clic con el botón derecho del ratón sobre la impresora que desea designar como la de sistema y después haga clic sobre "Set as default". Más adelante, si cambia de opinión, puede deshacer este cambio siguiendo estos mismos pasos y eligiendo la impresora que estaba seleccionada originalmente.

Cómo usar una impresora diferente de manera temporal

Una de las ventajas del sistema operativo Windows es la de poder usar muchas impresoras diferentes que estén conectadas localmente a su computadora o a la red en la cual trabaja.

Las siguientes gráficas muestran cómo usar una impresora diferente de manera temporal.

Si tiene dos impresoras (una láser y una de color) y la impresora de sistema es la impresora láser, puede usar la impresora de color de la siguiente manera.

1. Coloque el indicador sobre "File" y después haga clic sobre "Print" para abrir la ventana de imprimir.
2. Haga clic sobre esta guía y después haga clic sobre la impresora que desea usar.

En la gráfica anterior se puede ver claramente que la Canon BJC-80 está lista para imprimir.

Cómo mejorar la impresión del texto en algunas impresoras

Esta es la manera de mejorar la calidad de la impresión de texto en algunas impresoras del tipo láser:

1. Lleve el indicador sobre "File" y después haga clic sobre "Print". Después haga clic sobre "Properties".

2. Haga clic sobre "Fonts" para ver la página de abajo.

3. Entonces haga clic sobre "Print TrueType as graphics".

4. Para efectuar este cambio de mejorar la calidad de la impresión de texto, haga clic sobre "Apply" y después sobre "Enter".

La siguiente pantalla muestra el menú para cambiar opciones de la impresora.

Cómo imprimir con la orientación horizontal

Esta función sirve para imprimir algo que tiene en la pantalla, como por ejemplo una fotografía, a lo largo de la hoja. De esta manera, la impresora hará mejor uso del papel, en algunos casos imprimiendo al usar el 90% de la página.

La siguiente gráfica muestra la manera de cambiar la orientación del papel.

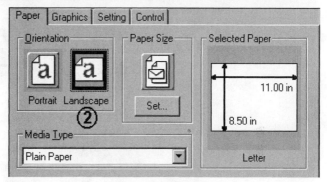

Así se cambia la orientación del papel en el panel de imprimir en algunas impresoras:

1. Coloque el indicador sobre "File" y después haga clic sobre "Print". Ahora haga clic sobre "Properties".

2. Entonces haga clic sobre la página de "Paper" o "Layout" y después haga clic sobre "Landscape". Para terminar, haga clic sobre "Apply" en la parte inferior de la página y después sobre "OK".

Cómo cambiar la calidad de la impresión

Esta es una función muy útil en las impresoras nuevas de tinta a color. Sobre todo es muy útil para cambiar la resolución de la impresión hasta la máxima calidad que permita una impresora. Por lo general, las impresoras usan una resolución baja con el propósito de ahorrar tinta.

En la siguiente gráfica se puede ver el panel de configurar de una impresora de tinta a color.

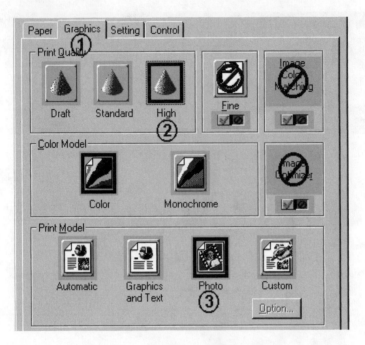

Así se cambia la calidad de la impresión:

1. Abra el panel de configurar la impresora de la misma manera que en la página anterior. Después haga clic sobre "Graphics".

2. En este ejemplo se mejora la impresión haciendo clic sobre "High".

3. En la parte de abajo, donde dice "Print Model", haga clic sobre "Photo" para que ésta imprima a la máxima resolución. Entonces haga clic sobre "Apply" y después sobre "OK".

Cómo especificar qué tipo de papel desea usar

Cómo pudo ver en la página anterior, algunas impresoras a color pueden imprimir fotos cuya calidad puede hacerlas difíciles de distinguir de las que se revelan con equipos profesionales.

Pero esto sólo es posible si usa un papel especial, o el que se recomienda para el tipo de uso que le está dando a la impresora.

La gráfica de abajo muestra el panel de controles de una impresora.

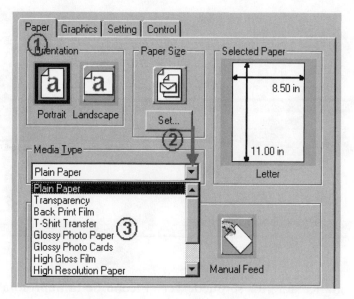

Este es un ejemplo de la manera de cambiar el tipo de papel que usará para imprimir (en su propia impresora, puede ser un poco diferente hacer este cambio):

1. Abra el panel de configurar la impresora como se indicó en las páginas anteriores. Ahora haga clic sobre "Paper".

2. Haga clic sobre esta guía debajo de "Media Type" para ver los diferentes tipos de papel con los cuales su impresora puede imprimir.

3. Seleccione el tipo de papel que desea usar de esta lista. Por ejemplo, si tiene que imprimir una fotografía, use "High Gloss Film".

Cómo cancelar un trabajo que ya no desee imprimir

Si desea cancelar la impresión de un trabajo que acaba de enviar a la impresora, puede hacerlo usando el ícono de la impresora que está en la barra de tareas principal.

Una impresora también dejará de imprimir si se apaga, pero en algunas impresoras ésto puede causar que el papel se trabe.

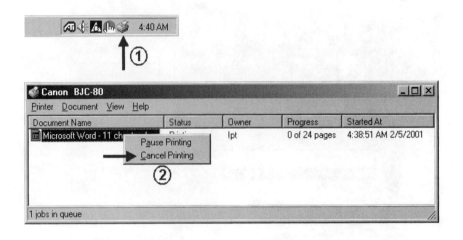

En la gráfica anterior se puede ver el ícono de la impresora y los comandos.

Así se cancela la orden de imprimir un documento ya enviado a la impresora:

1. Haga clic sobre el ícono que se encuentra en la barra de herramientas de Windows. Si no ve el ícono, puede ser que el trabajo ya fue recibido por la impresora, y por ende, no se puede cancelar.

2. En este recuadro, seleccione el trabajo que desea cancelar. Después haga clic sobre él con el botón derecho del ratón y seleccione "Cancel Printing".

Los diferentes tipos de papel para impresoras

Con la gran popularidad y bajo costo de las impresoras, también han salido al mercado muchos tipos diferentes de papel para todos tipos de impresoras. Cuando se escoge el tipo de papel adecuado para la impresora, se pueden evitar muchos problemas.

La gráfica anterior muestra el tipo de papel que se recomienda para las impresoras de tinta a color.

Este es un papel para uso general y sólo dice "Ink Jet Paper". Si necesita imprimir fotografías y tiene una impresora de tinta, debe usar un papel especial, como el "High Gloss Paper".

La gráfica anterior muestra el tipo de papel que se recomienda para las impresoras tipo láser.

El papel que se ve en esta gráfica, "Laser Paper", fue diseñado específicamente para soportar las altas temperaturas que se encuentran en una impresora láser. Cuando use este tipo de papel, siempre revise que las hojas no estén pegadas antes de ponerlas en la impresora.

Para recordar

■ La impresión preliminar le permite revisar un documento antes de enviarlo a la impresora.

- Si hace clic sobre el ícono de imprimir en la barra de herramientas, todas las páginas de un documento serán enviadas a la impresora.

- Use la opción de imprimir "Current Page" para imprimir sólo la hoja que está en la pantalla.

- La impresora del sistema "Default Printer" es la primera impresora que aparece en el menú cuando se elige imprimir un documento.

- Use la orientación horizontal para imprimir una fotografía a lo largo de la hoja.

- Seleccione el tipo de papel que corresponda al tipo de trabajo.

Algunos usos prácticos del Internet 14

Cómo abrir una cuenta de correo electrónico en el servidor Web de Hotmail

La tecnología de acceso al correo electrónico se ha popularizado tanto que incluso existen actualmente algunos servicios como Hotmail, los cuales le permiten usar correo electrónico desde su biblioteca local. Por eso no es necesario tener una computadora propia. Sólo es necesario tener una cuenta en el servidor Web de Hotmail.

La siguiente gráfica representa la pantalla de entrada al servidor Web de Hotmail.

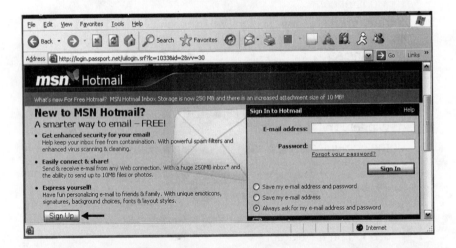

En la próxima pantalla que se abre elija el servicio de correo gratis, haciendo clic sobre "Sign Up" en la columna de MSN Hotmail.

Para abrir una cuenta en Hotmail es necesario darle a este servidor Web información acerca de su persona. La compañía necesita su nombre para añadirlo a todo el correo que envía de su cuenta de correo electrónico.

En la siguiente gráfica puede ver la primera página para registrarse en este servidor Web.

Conteste al anterior cuestionario. Cuando termine, use la tecla "Page Down" para ver lo que queda de la página.

Nota

Cuando termine este proceso, tendrá 10 días para entrar en el servidor de Hotmail por primera vez. De lo contrario, la cuenta será invalidada por el servidor. De la misma manera, si deja de usar este servicio por un período de 60 días seguidos, la cuenta será invalidada y el correo que recibió se borrará. Si esto le pasa, puede reactivar la cuenta regresando a Hotmail y entrando en él de nuevo de manera regular.

Guíese por la siguiente gráfica para terminar el proceso de abrir una cuenta de usuario en el servidor Web de Hotmail.

Esta es la manera de escoger su dirección de correo electrónico para su cuenta de Hotmail:

1. Escriba el nombre de usuario que desea usar. Este también será su dirección de correo electrónico. Por ejemplo si elije Carlos18799, su dirección de correo electrónico será: Carlos18799@hotmail.com.

2. En la casilla al lado de "Password" escriba la contraseña que desea usar. Luego escríbala de nuevo en la segunda casilla.

3. Escriba una pregunta y la respuesta que le ayudarán a recordar su contraseña.

4. En esta casilla escriba la combinación de letras que ve arriba exactamente como aparecen en la pantalla.

Finalmente, baje un poco hasta el final de esta página. Escriba su apellido en frente de "Last Name" y después haga clic sobre "I Agree".

En la siguiente pantalla que se abrirá, podrá ver la dirección de correo electrónico que escogió para su correo de Hotmail. En este ejemplo es cpt9@hotmail.com.

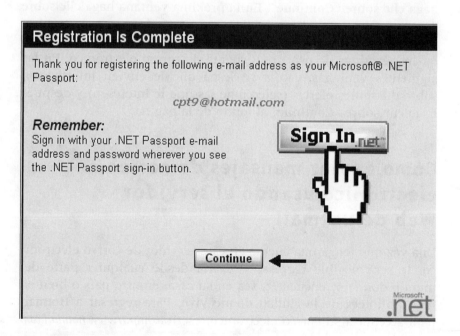

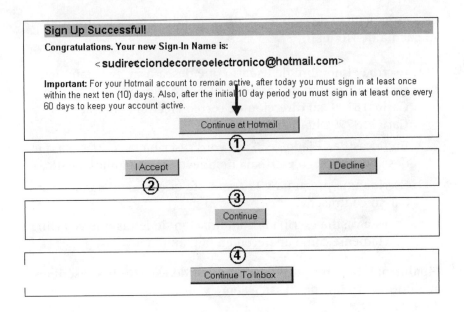

Después haga clic sobre "Continue" para continuar con el proceso de abrir una cuenta de correo electrónico de Hotmail.

En la próxima ventana que abra, escriba su contraseña y después haga clic sobre "Continue". En la próxima ventana haga clic sobre "Activate my account" para activar su cuenta de correo electrónico. En la próxima ventana que abra haga clic sobre "Accept" para aceptar los términos de uso de su cuenta de correo electrónico. En las siguientes ventanas, escoja si desea que le envíen información sobre diferentes ofertas (seleccione las que le interesen) y después haga clic sobre "Continue" al fondo de la página.

Cómo enviar mensajes de correo electrónico usando el servidor Web de Hotmail

Una vez que tenga una cuenta en este servidor de correo electrónico, le será posible regresar y usarla desde cualquier parte del mundo donde se encuentre, sea en su casa, en otro país o bien en una biblioteca de la ciudad donde vive. Para regresar a Hotmail para acceder a su correo electrónico, escriba *http://www.hotmail.com*

en la barra de direcciones del navegador que esté usando. La siguiente gráfica muestra la pantalla de entrada al servidor Web de Hotmail.

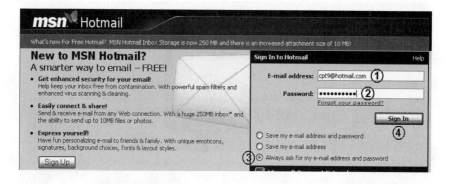

Una vez que el servidor de Hotmail.com abra, le será posible entrar a su buzón de correo electrónico de esta manera:

1. En esta casilla escriba su dirección de correo electrónico.
2. En esta casilla escriba su contraseña.
3. Haga clic sobre "Always ask for my e-mail address and password" si está usando Hotmail.com desde una computadora a la cual otras personas tienen acceso.
4. Finalmente haga clic sobre "Sign In" para entrar a su buzón de correo electrónico. A veces también es necesario hacer clic sobre "Yes" en las alertas de seguridad que aparecen cuando le pide al navegador que envíe su información para poder entrar a su buzón de correo electrónico.

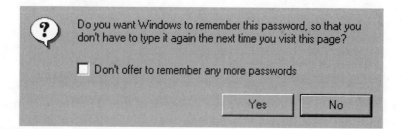

Si ve el mensaje de la gráfica anterior y está usando Hotmail desde una computadora a la que otras personas tienen acceso, haga clic sobre "No".

En la próxima ventana haga clic sobre "Yes" y lo mismo en el siguiente para poder ver su buzón de correo electrónico.

En la siguiente gráfica puede ver un buzón de correo electrónico en el servidor Web de Hotmail.

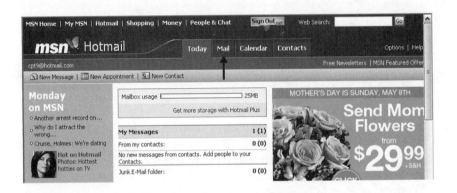

Los mensajes que acaba de recibir deben aparecer debajo de "My Messages". Para ver todos los mensajes en este buzón de correo electrónico, haga clic sobre "Mail".

En la siguiente gráfica puede ver el menú de entrada para componer nuevos mensajes usando el servicio de correo electrónico de Hotmail.

Para crear un mensaje nuevo, haga clic sobre "New Message".

En la siguiente gráfica puede ver la ventana que le permite componer un mensaje nuevo.

Así se compone y envia un mensaje de correo electrónico usando el servidor Web de Hotmail:

1. En la casilla al lado de "To", escriba la dirección de correo electrónico de la persona que recibirá el mensaje.
2. En la casilla al lado de "Subject", escriba el motivo de este mensaje.
3. Redacte el mensaje.
4. Cuando termine, haga clic sobre "Send".

Cómo recibir mensajes de correo electrónico usando el servidor Web de Hotmail

Para recibir mensajes de correo electrónico, regrese al servidor Web de Hotmail en la dirección virtual o "URL": *http://www.hotmail.com*. Después entre en su buzón de correo electrónico de la manera que lo hizo en la página anterior.

Cuando elija "Mail", le será posible ver todos los mensajes en su cuenta de correo electrónico de Hotmail.

Esta es la manera de recoger sus mensajes de correo electrónico en el servidor Web de Hotmail:

1. Haga clic sobre "Mail" para ver todas las diferentes carpetas de correo disponibles en su correo electrónico.

2. Estos son los mensajes en su "Inbox". Haga doble clic sobre el mensaje que desea leer.

3. Ahora el mensaje que abrió ocupará una parte de la pantalla.

4. Si desea contestar a este mensaje, haga clic sobre "Reply". Para regresar a leer más mensajes que haya recibido, haga clic sobre "Mail". Cuando desee salir de Hotmail, cierre el navegador o haga clic sobre "Sign Out".

Cómo buscar empleo usando el servidor Web de Monster.com

En el Internet existen muchos servidores Web dedicados a ayudarle a buscar un empleo. El más importante es el servidor Web de Monster.com. Este le será útil para buscar empleo en los Estados Unidos en casi todas las profesiones.

La siguiente gráfica muestra la pantalla de entrada al servidor Web de Monster.com.

Así se busca trabajo en el servidor de Monster.com:

1. Escriba la dirección virtual o "URL" *http://www.monster.com* en la casilla al lado de "Address" en su navegador. Luego oprima la tecla "Enter".
2. Haga clic sobre "Search Jobs".

Para buscar trabajo en este servidor Web es necesario elegir una ciudad en la cual desea trabajar. De esta manera, el servidor de Monster.com buscará sólo los trabajos disponibles en la industria en la que desea trabajar en una localidad específica.

La gráfica de abajo muestra el menú para seleccionar la ciudad y la profesión en la que desea trabajar.

Enter Key Words:
(1) Bilingual
(example: sales, java, nurse) **more tips...**

Enter Company Name:

(example: Monster) **more tips...**

Choose Location:
California-San Bernardino/Palm Springs
(2) California-San Diego
California-San Francisco
California-Santa Barbara
California-Silicon Valley/Peninsula

Choose Job Category:
Construction, Mining and Trades
Consulting Services
Consumer Products
(3) Customer Service and Call Center
Education, Training, and Library

Sort Results by: View Description:
○ Date ● Key Word Relevance   ● Brief ○ Detailed

(4) **Get Results**   **Need Help Searching?**

Finance
Human Resources
Management
Public Service
Sales
Technology
Volunteer Opportunities

College
Company Name
Contract|Temp
Executive
High School Advice
Military/Veteran
Work Abroad

Free Career Advice

Monster Networking:
Expand your career search

NEW: Free Business Cards
Visit the Print Center

Relocating?
Monstermoving

Find degree programs:
MonsterLearning

Considering the Military?
Military.com

Siga estos pasos para comenzar a buscar trabajo en este sitio Web:

1. En esta casilla escriba el tipo de trabajo que busca o una palabra que defina una cualidad que cree le pueda beneficiar, como la de ser bilingüe.

2. En esta lista seleccione el estado y la ciudad donde desea buscar empleo.

3. En esta lista seleccione la industria en la que quiere trabajar.

4. Finalmente, haga clic sobre "Get Results" para comenzar a buscar empleo.

Si Monster.com no encuentra ningún trabajo en la ciudad que eligió, modifique su búsqueda. Por ejemplo, busque trabajo en una ciudad que sea vecina a la primera que eligió.

En la gráfica de abajo puede ver los resultados de esta búsqueda.

Apr 21	Customer Service	Kelly Services	US-CA-San Diego
Apr 19	Customer Service Representative - GREAT BENEFITS!	Clopay Corporation	US-CA-San Diego
Apr 19	Customer Service	SELECT Personnel Services	US-CA-San Diego
Apr 19	**Customer Service Representative - technical**	**FreedomVOICE SYSTEMS**	**US-CA-San Diego**
Apr 18	SERVICE/CUSTOMER SUPPORT	Carvin Corp	US-CA-SAN DIEGO
Apr 15	Guest Relations Representative II-Hotline	Jack in the Box - Corporate	US-CA-San Diego
Apr 14	CUSTOMER SERVICE MANAGER	Molecular BioProducts, Inc.	US-CA-San Diego

Monster.com encontró varios trabajos en el campo seleccionado en la página anterior. Si desea ver más información acerca de un trabajo en la lista, haga clic sobre él. Este se abrirá para ocupar toda la pantalla.

N o t a

Este servicio es subsidiado por las compañías que buscan personal calificado. Por lo tanto, no cuesta nada buscar empleo en Monster.com. Este servidor Web cuenta con uno de los bancos de empleos más grandes de los Estados Unidos, el cual sirve a más de 11 millones de personas que se han registrado en Monster.com.

En la siguiente gráfica puede ver una descripción completa del empleo señalado con una flecha en la página anterior.

En esta gráfica puede ver que esta compañía esta buscando una persona, preferiblemente bilingüe, para su departamento de servicio al cliente.

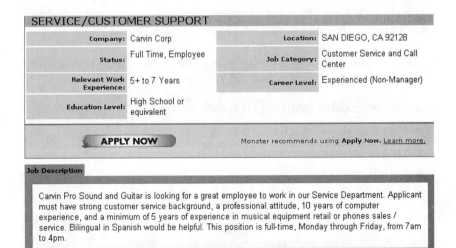

SERVICE/CUSTOMER SUPPORT

Company:	Carvin Corp	**Location:**	SAN DIEGO, CA 92128
Status:	Full Time, Employee	**Job Category:**	Customer Service and Call Center
Relevant Work Experience:	5+ to 7 Years	**Career Level:**	Experienced (Non-Manager)
Education Level:	High School or equivalent		

APPLY NOW   Monster recommends using **Apply Now.** Learn more.

Job Description

Carvin Pro Sound and Guitar is looking for a great employee to work in our Service Department. Applicant must have strong customer service background, a professional attitude, 10 years of computer experience, and a minimum of 5 years of experience in musical equipment retail or phones sales / service. Bilingual in Spanish would be helpful. This position is full-time, Monday through Friday, from 7am to 4pm.

Oprima la tecla de "PageDown" después de leer el encabezamiento de una página para ver la información de contacto para solicitar el empleo (si ésta no aparece en la primera pantalla). En esta parte tal vez den un teléfono o una dirección de correo electrónico para mandar un currículum y una carta de interés.

Contact Information

Company:	Carvin Corp
Email:	marcoa@carvin.com
Address:	12340 WORLD TRADE DRIVE SAN DIEGO,CA 92128
Fax:	(858) 521-6031
Reference Code:	SERVICE

➡ **APPLY NOW**
Send this Job to a Friend

Click here to see all "Carvin Corp" opportunities

Introducción al mensajero de Windows o "Messenger" para hacer llamadas de larga distancia

Con una computadora y una conexión al Internet es muy fácil comunicarse con sus familiares o amigos usando el mensajero de Windows o "Messenger" —aunque estos estén en otros países— sin costo alguno. Para hacer esto sólo es necesario tener una cuenta de correo electrónico de Hotmail o MSN.

Yo recomiendo que una computadora tenga las siguientes características para usar el mensajero de Windows:

- Un procesador Pentium III o más avanzado
- Una buena conexión al Internet
- Una tarjeta de sonido del tipo "Duplex"
- Un micrófono
- Unos parlantes o unos auriculares ("audífonos")

La gráfica de abajo muestra el tipo de auriculares recomendables para hablar con los programas de comunicaciones.

DPC-VR-3310

Estos auriculares son muy similares a los que usan las telefonistas en las oficinas, con la diferencia de que éstos se conectan a la tarjeta de sonido. Estos auriculares se pueden conseguir en una tienda de computadoras, como por ejemplo CompUsa.

Cómo comenzar una sesión del mensajero de Windows o "Messenger"

Este programa, que viene incluido con Internet Explorer 6.0, es gratis y le permite comunicarse con gente que también tienen "Messenger" alrededor del mucho. Si desea hablar con alguien usando este programa, es necesario que tanto como usted como la persona con quien desea comunicarse tengan una cuenta de correo electrónico de Hotmail o de MSN (éstas también son gratis).

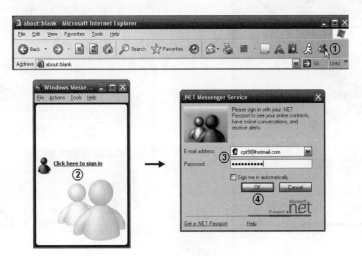

Esta es la manera de comenzar a usar el mensajero de Windows o "Messenger" después de abrir su navegador de Internet Explorer:

1. Haga clic sobre este ícono en la barra de tareas para abrir este programa.

2. Ahora el programa abrirá con su propia ventana. Para comenzar una sesión de comunicaciones, haga clic sobre "Click here to sign in". Si el programa le ofrece una actualización a una versión nueva del programa, acéptela.

3. En la próxima ventana que abra, escriba su dirección de correo electrónico y su contraseña.

4. Finalmente, haga clic sobre confirmar o "OK".

Cómo añadir contactos a su lista en el mensajero de Windows o "Messenger"

En esta página aprenderá a añadir la información de las personas con quienes desee hablar usando el mensajero de Windows.

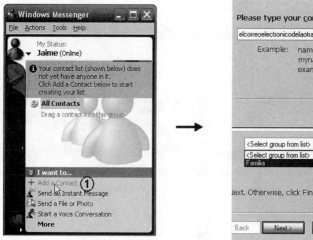

Para añadir un contacto al mensajero de Windows es necesario añadir la dirección de correo electrónico de éste de la siguiente manera:

1. Haga clic sobre "Add a Contact". En la próxima ventana que se abrirá, haga clic sobre "Next" para continuar al próximo paso.

2. En esta casilla escriba la dirección de correo electrónico de la persona con quien desea comunicarse y después haga clic sobre "Next".

3. Entonces otra ventana se abrirá. Escoja el grupo al cual desea añadir este contacto, si es que tiene sus contactos organizados por grupo.

4. Para terminar, haga clic sobre "Finish" y así añadirá este contacto a su lista. Por favor, avísela a la persona que acaba de añadir que haga clic sobre "Allow this person . . ." la próxima vez que abra el mensajero, y después sobre "OK", para que ambos se puedan comunicar.

Cómo comunicarse con sus familiares o amigos usando el mensajero de Windows o "Messenger"

Este programa es uno de los más fáciles de usar para establecer una comunicación escrita o hablada con personas que estén en su lista de contactos. Para comenzar una comunicación, establezca una conexión al Internet. Después abra el mensajero de Windows al hacer clic de nuevo sobre el ícono de "Messenger" en el navegador Internet Explorer.

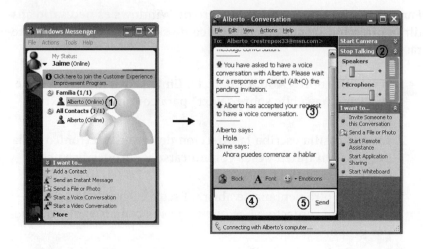

Una vez que la persona con quien desee comunicarse esté en línea, puede hablar con ella de la siguiente manera:

1. Haga doble clic sobre el nombre de usuario de la persona con quien desee hablar (si dice que está en línea o "Online").

2. Otra ventana se abrirá. Para hablar con esta persona, si usted y la otra persona tienen parlantes y micrófonos listos o al menos audífonos, haga clic sobre "Start Talking". Para terminar de hablar, haga clic sobre "Stop Talking".

3. Enseguida la otra persona recibirá una invitación para hablar; para aceptarla, ésta debe oprimir la combinación de teclas ALT + T. Cuando la persona acepte la invitación, le será posible conversar con esta persona.

4. Si desea, también le es posible escribir mensajes en esta casilla.

5. Haga clic sobre enviar o "Send" para enviar el mensaje que acaba de escribir.

Cómo comprar libros en el servidor Web de Amazon.com

Amazon.com es la compañía que más libros vende en el Internet. Si tiene problemas consiguiendo un libro, lo más posible es que

Amazon.com lo tenga. Para usar este servidor Web lo único que necesita es una tarjeta de crédito y una dirección de correo electrónico.

En la siguiente gráfica puede ver la pantalla de entrada al sitio Web de Amazon.com.

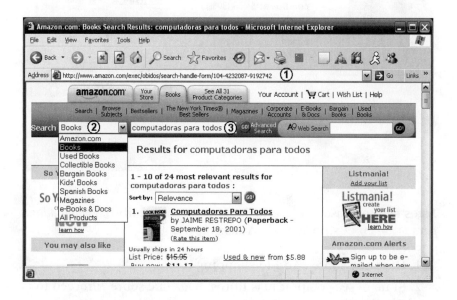

Esta es la manera de buscar libros en el sitio Web de Amazon.com:

1. Escriba la dirección virtual o "URL" *http://www.amazon.com* en la barra de direcciones de su navegador. Después oprima la tecla de confirmación o "Enter".

2. Haga clic sobre este menú y después seleccione "Books".

3. En esta casilla escriba el nombre del libro que busca. Por ejemplo, escriba *Computadoras para todos.*

4. Después haga clic sobre el título del libro para ver más información acerca de éste.

Entonces este sitio Web le presentará más información acerca del libro que escogió. Si desea, puede comprarlo o bien seguir buscando otros libros.

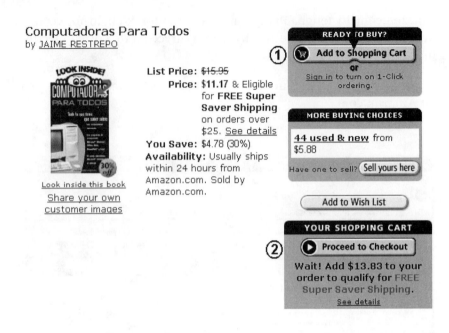

Computadoras Para Todos
by JAIME RESTREPO

Look inside this book
Share your own
customer images

List Price: $15.95
Price: $11.17 & Eligible for **FREE Super Saver Shipping** on orders over $25. See details
You Save: $4.78 (30%)
Availability: Usually ships within 24 hours from Amazon.com. Sold by Amazon.com.

READY TO BUY?
(1) 🛒 **Add to Shopping Cart**
or
Sign in to turn on 1-Click ordering.

MORE BUYING CHOICES
44 used & new from $5.88
Have one to sell? Sell yours here

Add to Wish List

YOUR SHOPPING CART
(2) ▶ **Proceed to Checkout**
Wait! Add $13.83 to your order to qualify for FREE Super Saver Shipping.
See details

Estos son los pasos necesarios para comprar mi libro, *Computadoras para todos,* en el sitio Web de Amazon.com:

1. Haga clic sobre "Add to shopping cart".
2. Si no desea comprar más libros, haga clic sobre "Proceed to Checkout".

En la siguiente gráfica se puede ver cómo el navegador le presentará otra pantalla. En ésta el servidor Web le pide su dirección de correo electrónico.

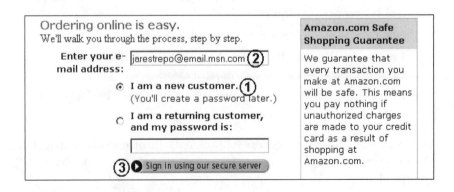

Ordering online is easy.
We'll walk you through the process, step by step.

Enter your e-mail address: jarestrepo@email.msn.com (2)

⊙ I am a new customer. (1)
(You'll create a password later.)

○ I am a returning customer, and my password is:

(3) ▶ Sign in using our secure server

Amazon.com Safe Shopping Guarantee

We guarantee that every transaction you make at Amazon.com will be safe. This means you pay nothing if unauthorized charges are made to your credit card as a result of shopping at Amazon.com.

Entonces comienza el proceso de comprar este libro en este servidor Web:

1. Si nunca ha comprado libros de este servidor Web, haga clic sobre "I am a new customer".
2. Escriba su dirección de correo electrónico en la casilla.
3. Después haga clic sobre "Sign in using our secure server".

La siguiente gráfica representa el próximo recuadro que verá, el cual le indica que está entrando a un servidor seguro.

Para continuar, haga clic sobre "OK".

La siguiente gráfica representa el formulario que debe llenar para registrarse en este servidor Web.

Rellene el formulario. Para proseguir, haga clic sobre "Continue".

En la siguiente gráfica escoja la forma de envío que desea para recibir el libro.

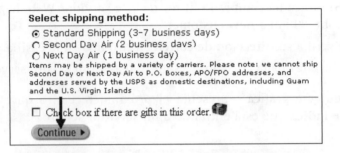

Finalmente, haga clic sobre "Continue". En la siguiente página escriba toda la información acerca de la manera de pago para así finalizar la compra.

Cómo usar el correo electrónico de America Online usando un navegador

Si desea leer su correo electrónico de America Online (AOL) desde una computadora que no tiene America Online instalado, lo puede hacer usando un navegador.

En la siguiente gráfica puede ver la ventana de entrada al correo electrónico de America Online.

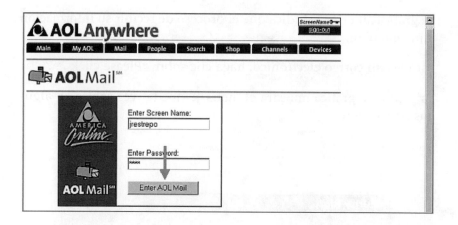

Estos son los pasos para entrar a su correo electrónico de America Online usando un navegador:

1. Escriba la dirección virtual o "URL" *https://aolmail.aol.com/* en la barra de direcciones de su navegador y después oprima la tecla "Enter".

2. Escriba su nombre de usuario debajo de "Enter Screen Name".

3. Escriba su contraseña debajo de "Password".

4. Después haga clic sobre "Enter AOL Mail", para entrar a su cuenta de correo electrónico.

5. Si aparece otro recuadro preguntándole si desea guardar su contraseña, haga clic sobre "No" (si está usando una computadora a la cual más personas pueden entrar).

6. Haga clic sobre "Yes" en el mensaje que le indica que está entrando a un servidor Web seguro.

AOL Mail   Exit AOL

Jrestrepo, welcome to AOL Mail!

You have successfully entered AOL Mail.

[Please click here to complete the sign-in process]

Your sign-on information has been secured for safe transport to our e-mail system.

La gráfica anterior le indica que el proceso de recibir su información funcionó bien.

Para ver su correo electrónico, haga clic sobre "Please click . . .".

La siguiente gráfica muestra el mensaje que tal vez se vea en algunos navegadores.

Si ve este mensaje, haga clic sobre "Yes" para ver la lista de los mensajes en su buzón de correo electrónico o "Inbox".

Ahora le será posible crear, leer y responder a mensajes de correo electrónico usando este navegador con casi la misma facilidad que lo hace en America Online.

En la siguiente gráfica puede ver el buzón de correo o "Inbox" de America Online:

Esta es la manera de trabajar en su buzón de correo electrónico de America Online, usando un navegador:

1. Primero haga clic sobre "New Mail" para ver los mensajes que recibió.

2. Estos son los mensajes que recibió. Si desea abrir un mensaje, haga clic sobre él. Si abre un mensaje en este navegador, haga clic sobre "Save As New" cuando lo cierre. De lo contrario, éste no aparecerá en la lista de mensajes nuevos la próxima vez que entre a AOL.

3. Haga clic sobre "Write" si desea crear un mensaje nuevo.

4. Cuando termine de usar el correo electrónico, haga clic sobre "Sign Off" y después cierre este navegador.

Cómo buscar indicaciones usando el Internet

Uno de los usos más convenientes del Internet —y casi siempre gratuito— es el de poder buscar indicaciones usando sitios Web. En este ejemplo visitaremos el sitio Web de Yahoo, uno de los motores de búsqueda más conocidos.

Para comenzar a buscar direcciones de manejo abra su navegador y escriba (al lado de "Address"), la dirección virtual o "URL" *http://maps.yahoo.com/*, y después oprima la tecla "Enter".

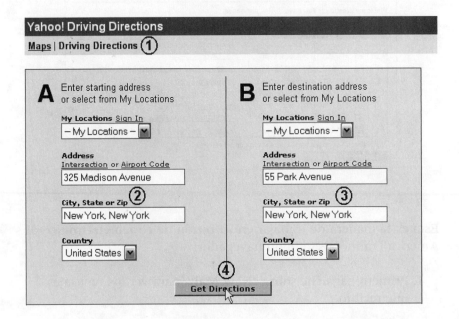

Esta es la manera de buscar indicaciones usando el sitio Web de Yahoo (refiérase a la gráfica anterior):

1. Primero haga clic sobre "Driving Directions".
2. En estas dos casillas escriba el punto de partida, este puede ser un hotel o cualquier otro lugar donde se encuentre.
3. En estas dos casillas escriba la dirección del sitio al cual desea conducir.
4. Finalmente, haga clic sobre "Get Directions".

En algunos casos el sitio Web que está usando para una búsqueda le indicará que no pudo encontrar una dirección exacta a la dirección que usted escribió en la pantalla anterior. Si esto sucede, haga clic sobre la flecha de "Back" en la barra de herramientas y escriba la dirección de manera más detallada.

En la gráfica de abajo puede ver las indicaciones que el servidor de Yahoo encontró, usando la información que usted le dio.

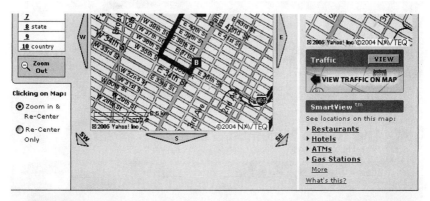

Directions	Show Turn by Turn Maps
1.	Start at **325 MADISON AVE, NEW YORK** - go **< 0.1** mi
2.	Turn **L** on **E 43RD ST** - go **0.1** mi
3.	Turn **L** on **5TH AVE** - go **0.3** mi
4.	Turn **L** on **E 36TH ST** - go **0.2** mi
5.	Turn **L** on **PARK AVE** - go **0.1** mi
6.	Arrive at **55 PARK AVE, NEW YORK**

When using any driving directions or map, it's a good idea to do a reality check and make sure the road still exists,

Como puede ver en el ejemplo de arriba, este sitio Web le ofrece indicaciones muy detalladas para llegar a una dirección e inclusive le presenta un mapa. Si no puede ver inmediatamente en la pantalla la dirección final use la tecla de "PageDown"; ésta tal vez se encuentre en la parte inferior de la página.

Cómo solicitar una beca de "The Gates Millennium Scholars"

Esta es una fundación establecida por Bill y Melinda Gates en 1999 para proporcionarles a los estudiantes perenecientes a minorías étnicas la posibilidad de una educación universitaria para estudiar Matemáticas, Ciencia, Ingeniería, Educación o Ciencias Bibliotecarias.

En la siguiente gráfica puede ver la pantalla de entrada al sitio Web de la beca de The Gates Millennium Scholars.

Si desea solicitar esta beca, visite el sitio Web: *http://www.gmsp.org*.

Se puede conseguir más información acerca de la beca al hacer clic sobre "Nomination Materials".

Mi libro *Internet para todos* es un excelente complemento a este libro si desea aprender más acerca de cómo usar un navegador y las consideraciones de seguridad que debe tener en cuenta mientras usar el Internet.

Este se puede conseguir en su librería favorita o en el Internet en el sitio Web de *www.amazon.com.*

Estos son algunos de los puntos que este libro cubre:

- Una breve historia del Internet
- Qué es un navegador y cómo usarlo
- Una lista de direcciones virtuales de páginas Web de interés para la comunidad hispana

Para recordar:

- Hotmail.com le permite crear una cuenta de correo electrónico que podrá usar desde cualquier computadora que tenga acceso al Internet.

- Usando el servidor Web de Monster.com le será posible buscar empleo en los Estados Unidos en casi todas las profesiones y en diferentes estados.

- Usando el mensajero de Windows le será posible conversar con familiares y amigos dentro o fuera de los Estados Unidos sin costo alguno.

- Amazon.com es la compañía que más libros vende en el Internet.

- Si desea leer su correo de America Online desde una computadora que no tiene America Online instalado, lo puede hacer usando un navegador.

- El servidor Web de Yahoo le ayuda a conseguir indicaciones.

Ayuda técnica para diagnosticar y solucionar problemas con una computadora

15

Problemas que puede tener con una computadora

Una computadora personal está compuesta por muchas piezas delicadas. A pesar de que son muy duraderas, en determinadas circunstancias ciertos componentes, como el *software*, pueden dejar de funcionar.

Los siguientes son algunos de los problemas que se pueden presentar al usar una computadora:

- *Problemas de rendimiento:* la computadora toma mucho más tiempo en realizar tareas, como por ejemplo, abrir archivos.

- *Problemas con un programa o con un archivo que está tratando de usar:* por ejemplo, si trata de usar America Online y no responde, puede que se deba a que uno de los archivos que componen el programa está estropeado. Si es así, puede que sea necesario reinstalar este programa del CD que venía con el programa.

- *Problemas con un componente en la computadora:* por ejemplo, si la memoria falla, pueden impedir que el sistema operativo cargue en la memoria. En este caso, puede ser necesario reemplazar el módulo de memoria antes de poder usar la computadora de nuevo.

Si tiene problemas con un componente en una computadora que está protegida con una garantía de servicio, debe primero llamar al teléfono de ayuda técnica de la compañía a la cual le compró la computadora. Si la computadora no tiene garantía, entonces puede tratar de determinar usted mismo cuál es el problema y solucionarlo, o pedir la ayuda de un técnico en computadoras o de un amigo que tenga más conocimiento.

Cómo identificar y resolver los problemas de rendimiento

Si su computadora tarda mucho en abrir programas, puede que se deba a problemas de espacio en el disco duro, los cuales son fáciles de resolver sin la ayuda de un técnico.

Los siguientes son tres de los motivos por los cuales la computadora puede funcionar lentamente:

- *El disco duro tiene muy poco espacio libre.* Puede que se deba a una gran cantidad de archivos del tipo .tmp. Este es un tipo de archivo creado automáticamente cada vez que se usa diferentes programas como Word for Windows en un directorio llamado "temp". También puede ser que cada vez que visita las páginas Web, éstas le dejan una copia en su computadora.

- *Acaba de instalar un programa que tomó mucho espacio en el disco duro (como, por ejemplo, una versión completa de Office 2000 de Microsoft).* Por este motivo, ahora tiene muy poco espacio libre en el disco duro. En este caso puede ser necesario quitar algunos de estos componentes. De lo contrario la computadora funcionará muy lentamente.

- *El disco duro está muy fragmentado, y por este motivo la computadora tarda mucho en abrir programas.* La fragmentación en un disco duro sucede de manera gradual. Es decir, a medida que se use la computadora, el disco se va fragmentando. Esto se debe a que el sistema operativo toma información del disco duro acerca de un archivo y después lo devuelve a otro lugar dentro del mismo disco duro.

Las siguientes son algunas de las maneras de solucionar problemas de rendimiento:

1. Borre los archivos temporales.
2. Quite el programa que acaba de instalar antes de que empiece a tener problemas con la computadora.
3. Use el programa de "Defrag" para arreglar la fragmentación de un disco duro.

Cómo borrar los archivos temporales

Por lo general estos archivos son borrados de un sistema cuando cierra el documento con el cual está trabajando, pero en algunos casos permanecen en su disco duro esperando ser borrados.

Así se borran los archivos temporales:

1. Primero cierre todos los programas que está usando.
2. Haga clic con el botón derecho del ratón sobre "Start".
3. Haga clic sobre "Find" o "Search".

La siguiente gráfica muestra la ventana de buscar documentos en Windows XP, o en versiones anteriores de Windows.

All or part of the file name:

*.TMP ①

A word or phrase in the file:

②

Look in:

📁 Start Menu

📁 My Documents
📁 My Pictures
📁 My Music
📁 Desktop
💻 My Computer
💽 Local Hard Drives (C:) ③
📁 My Documents

Busque los archivos temporales del tipo .tmp de la siguiente manera:

1. Escriba *.tmp debajo de "All or part of the file name:".
2. Haga clic sobre esta guía.

3. Seleccione el disco duro "C" o el disco duro donde desea hacer esta búsqueda.

4. Finalmente, haga clic sobre "Search Now" o "Find".

La siguiente gráfica muestra la lista de archivos temporales que este programa encontró en el disco duro.

Ahora puede borrar estos archivos temporales de la siguiente manera:

1. Haga clic sobre uno de estos archivos. Después oprima la combinación de teclas CTRL + A para seleccionarlos todos.

2. Oprima la tecla "Delete" y después la tecla "Enter" para borrarlos. Acto seguido, use el programa para corregir la fragmentación en el disco duro (Defrag), que le ayudará a solucionar el problema de rendimiento.

Cómo reconocer y solucionar problemas con un programa

Un programa para computadoras, como por ejemplo el navegador Internet Explorer, cuenta con los archivos necesarios para que el programa funcione bien. Si un día uno de estos archivos es borrado sin querer, el programa puede dejar de funcionar.

Si un día trata de abrir un programa que hasta ahora nunca le ha dado problemas en abrir y ahora le da un mensaje, puede ser que uno de los archivos se estropeó o que el archivo fue borrado.

La siguiente gráfica muestra los archivos del programa "Easy CD Creator".

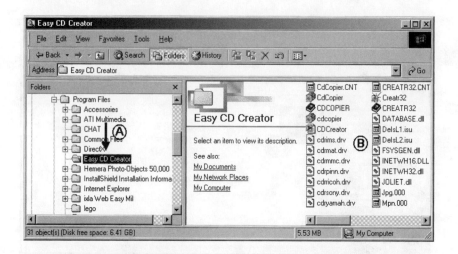

Así está organizado un programa para Windows en el disco duro:

A Este es el archivo que representa el programa "Easy CD Creator".

B Estos son los archivos necesarios para que el programa funcione como es debido.

En la siguiente gráfica se puede ver el mensaje que aparece en la pantalla al tratar de abrir "Easy CD Creator".

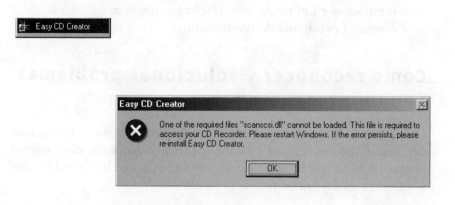

El mensaje anterior indica que no se puede utilizar un archivo llamado "scanscsi.dll", el cual es necesario para hacer que el programa funcione.

Cuando reciba un mensaje similar al de la gráfica anterior, anote el nombre del archivo y téngalo como referencia.

Si el mensaje anterior le aparece, puede hacer lo siguiente:

- Mire en la canasta de reciclaje o "Recycle Bin" para ver si ahí se encuentra este archivo.
- Cierre todos los programas que está usando y encienda la computadora de nuevo.
- Instale el programa. Así el archivo será restaurado y el programa funcionará.

Cómo recuperar un archivo de la canasta de reciclaje o "Recycle Bin"

La canasta de reciclaje recibe todos los archivos que son borrados de un sistema. Si, por ejemplo, tiene dudas de si un archivo que perdió todavía está en su computadora, búsquelo en la canasta de reciclaje.

No siga estos pasos para arreglar un programa del cual tenga muchas versiones diferentes, ya que el archivo que encuentre tal vez corresponda a la versión anterior y no a la que actualmente está usando.

La siguiente gráfica representa la nueva presentación de la canasta de reciclaje en Windows.

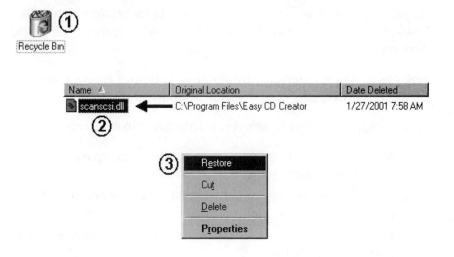

Busque un archivo en la canasta de reciclaje —si sabe el nombre del archivo— de la siguiente manera:

1. Coloque el indicador en "Recycle Bin" y haga clic dos veces.

2. Busque el archivo que necesita para que su programa funcione.

3. Si lo encuentra, recóbrelo haciendo clic con el botón derecho del ratón y después elija "Restore".

Las diferentes maneras de hacer una copia de seguridad de un disco duro

Como pudo ver en las páginas anteriores, una computadora puede fallar por muchos motivos y casi nunca se puede predecir cuáles serán. Por esto siempre es importante hacer copias de seguridad de los archivos que le son imprescindibles para poder recobrarlos fácilmente.

Si no son muy voluminosos, es decir, si no tienen más de 1.4 MB, se pueden guardar en discos flexibles. Si tienen más de 1.4 MB, puede grabarlos a los CD o a unidades que se pueden quitar del tipo Zip.

En un disco duro se pueden encontrar dos tipos de archivos:

1. *Archivos de programas*: estos son los archivos indispensables para que un programa funcione.

2. *Archivos de documentos*: un ejemplo de estos sería un currículum vitae creado con Microsoft Word.

Estos archivos se pueden copiar de la siguiente manera:

- Archivo por archivo.
- Directorio por directorio.
- Al usar un programa para copiar.
- Al copiar un disco duro a otro de aproximadamente la misma capacidad.

Si tiene todos los programas originales que vinieron con su computadora, no es necesario hacer copias de ellos. Sólo es necesario copiar los archivos de documentos que creó desde la fecha en que compró la computadora. En la mayoría de los casos, se pueden encontrar en el archivo "My Documents".

Cómo copiar un archivo a un disco flexible

Copiar archivo por archivo es una de las formas más comunes de hacer copias, y se puede hacer muy fácilmente copiando uno o varios archivos que desee guardar a un disco flexible o a otra parte de su disco duro.

Por ejemplo, si desea hacer una copia de seguridad de una carta que tiene en el directorio de "My Documents" a un disco flexible, lo puede hacer muy fácilmente desde Windows Explorer.

La siguiente gráfica muestra el proceso de copiar archivos a discos flexibles.

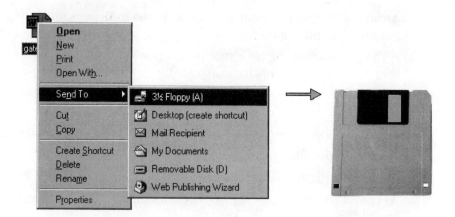

Los pasos para copiar archivos a un disco flexible son:

1. Haga clic con el botón derecho del ratón sobre "Start", y elija "Explore".

2. Busque el archivo de "My Documents" y haga clic sobre él.

3. Busque en la ventana de la derecha el archivo que desea guardar, y haga clic sobre él.

4. A continuación, haga clic con el botón derecho sobre este archivo y seleccione "Send to 3½ Floppy (A)" en este menú. Así tendrá una copia fiel del archivo y lo podrá usar en el caso de que su disco duro falle.

Cómo copiar un directorio a otro lugar en el disco duro

Para copiar un disco duro directorio por directorio (representado en Windows Explorer como un archivo), es necesario que el disco duro tenga suficiente espacio para permitirle copiar un directorio a otro lugar en el disco duro.

La siguiente gráfica le ayudará a terminar la tarea de copiar un directorio a otro lugar en el disco duro.

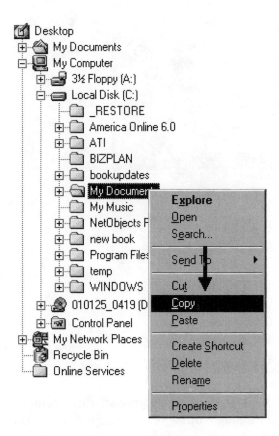

Siga los siguientes pasos para copiar un directorio:

1. Haga clic con el botón derecho del ratón sobre "Start" y elija "Explore".

2. Haga clic sobre el disco duro: Local Disk (C:). Después, busque el archivo que desea copiar y haga clic sobre él con el botón derecho del ratón.

3. En este menú de cortina seleccione "Copy".

4. Recuerde indagar si su disco duro tiene suficiente espacio para terminar esta tarea. De lo contrario, la computadora le informará de que hay un error.

En la siguiente gráfica verá cómo pegar este directorio a otro lugar en el disco duro.

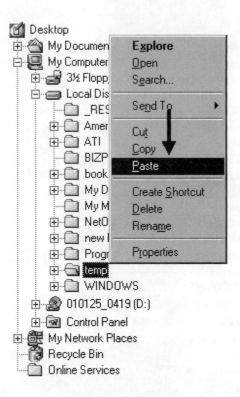

Haga clic con el botón derecho del ratón sobre el directorio de "temp" si, por ejemplo, desea copiar el contenido de "My Documents" al directorio de "temp". Después seleccione "Paste".

Nota

Ahora tendrá dos copias exactas del directorio que desea copiar. Esto le dará la posibilidad de recuperar un archivo que haya perdido en el directorio original. Cuando efectúa esta copia, los archivos que copió a "temp" no son actualizados automáticamente cada vez que haga cambios en el directorio original.

Esta función puede ser muy útil si se repiten estos pasos al menos una vez por semana. De esta manera, los archivos que residen debajo del directorio "temp" serán al menos de una semana atrás.

Ahora se puede ver en la siguiente gráfica que el directorio "My Documents" se encuentra en dos lugares diferentes del disco duro.

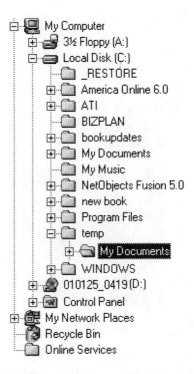

Esta copia se seguridad le puede ser muy útil para recuperar un archivo que se borró o que se perdió en "My Documents".

Es importante tener en cuenta que si hace una copia de archivos en el mismo disco duro en el que trabaja y este disco duro falla, los puede perder todos. En cambio, si dispone de *dos* discos duros, lo más posible es que los archivos que copió del uno al otro quedarán en uno de ellos, a pesar de que uno u otro falle.

Cómo hacer una copia de un disco duro a otro

También es posible copiar un disco duro completo a otro de aproximadamente la misma capacidad. Para realizar esto, se usa un programa como Norton Ghost.

La siguiente gráfica es la presentación comercial del programa Norton Ghost 2001.

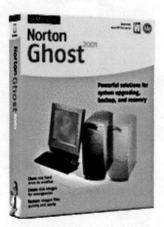

Con este programa se pueden realizar las siguientes funciones:

- Copiar un disco duro completo a otro, lo que se llama "Cloning" (Clonización).
- Copiar un disco duro completo a un solo archivo, creando así lo que se llama una imagen.
- Copiar una imagen de un disco duro usado a un disco duro nuevo.

Cómo solucionar problemas con el escritorio virtual activo o "Active Desktop"

Si la computadora se congela y le es necesario apagarla sin cerrar todos los programas que está usando, puede que la próxima vez que la abra sea necesario restaurar el escritorio virtual "Active Desktop".

La siguiente gráfica representa el mensaje que aparecerá si tiene un problema con el escritorio virtual "Active Desktop".

Active Desktop Recovery

Microsoft Windows has experienced an unexpected error. As a precaution, your Active Desktop has been turned off. To restore the Active Desktop, use the following troubleshooting tips:

- **Did your browser stop working, or did you restart your computer without shutting it down first? If so, click:**

  Restore my Active Desktop

- **Did you recently add a new item to your Active Desktop? If so:**

  1. Right-click the desktop to open the Desktop menu, point to **Active Desktop**, click **Customize my Desktop**.
  2. Clear the check box for the item you added most recently.

- **Do you want to turn off your Active Desktop? If so:**

  Right-click the desktop, point to **Active Desktop**, and then click **Show Web Content**.

Para solucionar este problema, sólo haga clic sobre "Restore my Active Desktop". Ahora la computadora le mostrará todos los íconos o "icons" de la manera correcta.

Para recordar

- Si trata de usar un programa y no le responde, puede que se deba a que uno de los archivos que componen el programa está estropeado.

- Si tiene problemas con un componente en una computadora que está protegida por una garantía de servicio, debe primero llamar al teléfono de ayuda técnica de la compañía que fabricó o vendió la computadora.

- Si tiene dudas de si un archivo que perdió está todavía en su computadora, búsquelo en la canasta de reciclaje.

- Si hace una copia de archivos en el mismo disco duro en que trabaja y el último le falla, puede perder todos los archivos.

Índice